JN074238

「AI監査」の基本と技術

データサイエンティストの活躍

滋賀大学／PwC Japan有限責任監査法人【編】

中央経済社

はしがき

日本は「デジタル敗戦」と言われるように，デジタルトランスフォーメーション（DX）で諸外国から遅れをとっており，この分野でのキャッチアップが急務となっています。特にDXを進めることのできる文理融合的な人材が不足しています。政府も「デジタル敗戦は繰り返さない」と言っていますが，人材の問題は一朝一夕に解決するものではありません。滋賀大学は伝統ある経済学部の一部を独立させる形で2017年４月に日本初となるデータサイエンス学部を設立し，日本の実情を踏まえたデータサイエンティストの育成を開始しました。

また，学部設立２年後の2019年に大学院データサイエンス研究科を設立しました。まだ学部の１期生が卒業する前でしたので，修士１期生のほとんどは企業から派遣された社会人でした。大学院を早期に設立したのは，データサイエンス・AI分野での社会人のリスキリングの強い需要に応えるためでした。データサイエンス・AI技術の発展は著しく，この分野のリスキリングの重要性は多くの企業関係者も認めるところです。派遣元企業もほとんどすべての業種にわたっており，リスキリングの需要が社会全体に広がっていることを示しています。

本書では会計監査へのAI技術の応用について論じていますが，会計監査の分野でもデジタル化が急速に進んでいくと思われます。それは企業活動において生じるデータがそもそもデジタルデータの形で得られるようになっているからです。デジタルトランスフォーメーションという言葉も，単に個々の業務をデジタル化するだけではなく，デジタル化により企業全体の活動を変革していくことを意味しています。また，戦略的な観点からの高度なデータ活用も求められる時代になっていくと思います。

最近では，生成AIの利用，特にChatGPTなどの大規模言語モデルが大きな注目を浴びています。大規模言語モデルは，インターネット上の膨大なテキスト情報を学習して，文脈に応じて最も出現しそうな文章を生成してくれます。その能力が非常に高いため，報告書作成などの日常業務の効率化にも役立ちます。一方で，一見もっともらしいものの誤りを含む文章を生成したりすることも多く，専門家の高度な判断の代替をしてくれるものではありません。AIに仕事を奪われるのではなく，AI技術を使いこなす専門性がますます求められているものだと思います。

本年は滋賀大学経済学部の百周年です。経済学部の前身である彦根高等商業学校に1期生が入学したのが1923年4月でした。彦根高商，そしてそれに続く滋賀大学経済学部は多くの優秀な会計人を輩出してきました。百周年の節目となる機会に本書を出版することができたことを大変うれしく思っています。

2023年11月4日

滋賀大学 学長　竹村　彰通

目　次

■参考：初出一覧

■PwCあらた有限責任監査法人『監査の変革2021年版どのようにAIが会計監査を変えるのか』（同ホームページにて公開　2021年）
https://www.pwc.com/jp/ja/knowledge/thoughtleadership/2020/assets/pdf/audit-change2021.pdf

■山口峰男「ITイノベーションがもたらす専門職の役割の変化」（Web情報誌Profession Journal『連載　AIで士業は変わるか？』【第１回】2018年）

―序―

「企業が信頼できる生成AIを利用するために必要なこと」

2023年に入って生成AI（generative AI）が急速に脚光を浴びるようになりました。序章では人工知能の中でも特にこの生成AIを念頭に置きながら，これまでの信頼できるAIについての議論を発展させて紹介します。

〈まとめ〉
- 生成AIは，責任あるAIを適用して新しいリスクを管理し，信頼を構築することで，ビジネスを変革することができます。
- 上記リスクには，サイバー，プライバシー，法律，パフォーマンス，バイアス，および知的財産のリスクが含まれています。
- 責任あるAIを実現するためには，すべての上級管理者が自分の役割を理解する必要があります。

キーワード　生成AI，責任あるAI，信頼できるAI

1　はじめに

企業経営者には，生成AIの出現に胸を躍らせるだけの理由がたくさんあります。それは，そのパワーと使いやすさから始まります。しかし，他の新しいテクノロジーと同様に，潜在的な新しいリスクもあります。これらのリスクには，会社における利用の仕方に起因するものもあれば，悪意のある行為者や利用者などに起因するものもあります。

これらの種類のリスクを管理し，生成AIの力を利用して持続的な成果を上げ，信頼を築くためには，責任あるAIが必要です。責任あるAIとは正確には何でしょうか？　これは，AIの信頼できる倫理的な使用を可能にするために設計された方法論です。これまでも重要でしたが，生成AIの黎明期ではcrucial（成功に不可欠なほどに重要）となってきました。

コラム～生成AIとは何でしょうか？

生成AIは，テキスト，コード，音声，画像などの非構造化データを作成，向上，要約，分析できる人工知能の一種です。 これらのタイプのデータは企業データの大部分を占め，知的労働の従事者がかかわるすべての作業に影響を与えます。生成AIを利用することは，顧客，従業員，求職者，協働者のニーズと要望を知るための最も優れた出発点となると考えられます。

コラム～生成AIに関する主な技術用語の解説

GAN：

GANとは，Generative Adversarial Network（敵対的生成ネットワーク）と呼ばれるAIの一種です。GANはデータから特徴を学習することで，実在しないデータを生成し，存在するデータの特徴に沿って変換できます。GANのネットワーク構造は，Generator（生成ネットワーク）とDiscriminator（識別ネットワーク）の２つのネットワークから構成されており，互いに競い合わせることで精度を高めていきます。たとえるならば，「偽物を作り出す悪人（Generator）」と「本物かどうかを見破る鑑定士（Discriminator）」のような役割をネットワーク内に組み込み，競争させるような形で学習させます（そのため「敵対的」といわれます）。

Transformer：

Transformerとは，2017年に発表された“Attention Is All You Need”という自然言語処理に関する論文の中で初めて登場した深層学習モデルです。それまで主流だったCNN（畳み込みニューラルネットワーク），RNN（回帰型ニューラルネットワーク）を用いたエンコーダ・デコーダモデル（入出力を端として，中央部の次元を低くし，その中央部の左右で対称形を成すネットワーク構造）とは違い，エンコーダとデコーダをAttention（自然言語を中心に発展した深層学習の要素技術の１つ）というモデルのみで結んだネットワークアーキテクチャです。それによって，機械翻訳タスクの英独翻訳において28.4BLEU（生成されたテキストが参照テキストにどの程度近いかを評価するために使用される指標），英仏翻訳において41.0BLEUというそれまでで最良のBLEUスコアを取得（40以上で高品質とされている）しました。それまでの学習モデルと比較して，大幅な学習時間の短縮を実現し，また精度が高いという特徴を持ち，非常に使い勝手のよいものとなっています。

はじめは機械翻訳などの自然言語処理（NLP）モデルとして紹介されていましたが，モデルが簡潔なこともあり，もちろん機械翻訳以外の分野でも高い実用性を誇ります。

Stable Diffusion：
　Stable Diffusionは「入力されたテキスト」をもとに画像を生成する「訓練済のAIモデル（Diffusion Model）」を搭載した画像生成AIで，ユーザーは作成したい画像のイメージ（たとえば，アマゾンのジャングル，高層ビルが建ち並ぶ都会など）を英単語で区切って入力することで，さまざまな画像を作成できます。Stable Diffusionで作られる画像は，システムに搭載された「潜在拡散（Latent Diffusion）モデル」というアルゴリズムによって生成されています。ユーザーはその潜在拡散モデルが訓練済モデルとして搭載されたシステムを利用するため，アルゴリズムを理解したり，Google Colaboratoryなどの環境でプログラムコードを記述したりすることなく，テキスト入力の操作だけでさまざまな画像を生み出せます。

2　生成AIにできることと，できないこと

　平易な言語コマンドを使用して，生成AIにソフトウェアコード，データ分析，テキスト，ビデオ，人間のような声，メタバース空間などを作成するよう指示できます。時の経過につれて，この能力は機能，ビジネスモデル，および業界を変革することが期待されています。生成AIは，すでにデータサイエンティストだけでなく，より多くの人々によって使用され，大規模な価値を提供しています。生産性を向上させ，人間の意思決定をサポートし，コストを削減しています。現在スケールアップしているユースケースには次のものがあります。

- カスタマーサービスの自動化とパーソナライゼーションの強化
- 請求処理や特定のソフトウェアコードの作成など，大量のタスクの自動化
- ビジネス文書，会議，顧客からのフィードバックについて，サポートとなる要約と洞察に満ちた分析を人間に提供

コラム～生成AIはどのようにビジネスを改善できるのでしょうか？

生成AIは，カスタマーサービスからソフトウェア開発，データ分析に至るまで，ほぼすべてのビジネスオペレーションの側面を自動化し，強化することができます。

たとえば，次のことが可能です。

- セルフサービスを有効にして顧客との関わり方を改善し，すべての人に可能な限り最高の対話を提供
- 保険金請求や通信の処理，ソフトウェア開発タスクなど，大量のタスクを自動化
- 重要なすべての非構造化データ（契約，請求書，顧客からのフィードバック，ポリシー，パフォーマンスレビューなど）をチームが簡単に理解できるように可視化

生成AIは完璧とはほど遠い不完全なものです。アルゴリズムとデータセットに基づき，プロンプトまたは要求に対する適切な応答を予測しようとします。その出力は非常に有用ですが，いわば「ファーストドラフト」にも似ている場合があります。これらのドラフトの出力を検証しその品質を分析したうえで，適切に変更する必要があります。

生成AIは，無関係，不正確，攻撃的，または法的に問題のある出力を生成することもあります。その理由は，第１にユーザーが生成AIモデルに適切なプロンプトを与えない可能性があることと，第２にこれらのモデルが本質的に創造的であることです。悪意のある行為者，利用者などがこれらのテクノロジーを使用して「ディープフェイク」を生成し，他のサイバー攻撃を大規模に助長してしまうなど，新たなサイバーリスクも出現しています。これまで以上に多くの人が生成AIを利用できるようになっているため，これらのリスクの一部はさらに広まる可能性があります。

コラム～生成AIのビジネスや社会に与える影響とは何でしょうか？

生成AIがビジネスや社会に与える影響は計り知れないものになると予想されています。 その機能が拡大するにつれて，生成AIの到達する範囲とその使いやすさにより，AIはより広い社会に向けて開放され，多様な関係者に共有される

こととなります。
生成AIを利用すると，新たなAI機能の開発と展開は，必ずしもデータサイエンティストによるものに限定されなくなります。したがって，そのソリューションはビジネスおよび市民の双方が主導することができます。 また，生成AIが知識労働にもたらすスピードと生産性により時間とお金を節約できるため，人々はより価値の高い活動に集中することができます。AIの利用が爆発的に増加する中，セキュリティ，プライバシー，偏見，倫理，ブランドに対する新たなリスクを管理している限りにおいて，組織はビジネスを変革することができます。

3 生成AIにおける新たな信頼の課題と，責任あるAIがどのように役立つか

責任あるAIは，これらのリスクやその他のリスクの管理にも役立ちます。生成AIを含め，購入・構築・利用するすべてのAIに対する信頼を高めることができます。適切に導入された場合，パフォーマンス，セキュリティ，コントロールの低下などアプリケーションレベルのリスクと，コンプライアンス，バランスシートやブランドへの潜在的な打撃，失業，誤った情報などの企業および国家レベルのリスクの両方に対処することができます。しかし，有効であるためには，責任あるAIがAI戦略の基本的な部分となっている必要があります。

たとえば，責任あるAIに対するアプローチの１つであるPwCによる責任あるAIは，フレームワーク，テンプレート，およびコードベースの資源を使用し，AIライフサイクル全体を通じて「トラスト・バイ・デザイン」を提供します。これは，あらゆるレベルの経営者に関係があります。CEOと取締役会は，公共政策の展開と企業の目的と価値に特に注意を払いながら，戦略を設定します。チーフ・リスク／コンプライアンス・オフィサーは，ガバナンス，コンプライアンス，およびリスク管理を含む管理を担当しています。最高情報責任者と情報セキュリティ責任者は，サイバーセキュリティ，プライバシー，パフォーマンスなどの責任ある慣行を主導します。データサイエンティストとビジネス・ドメイン・スペシャリストは，ユースケースを開発し，問題とプロンプトを策

定し，出力を検証および監視する際に，責任あるコアプラクティスを適用します。

【図表１】　PwCによる責任あるAIフレームワーク

戦略

データ・AI倫理
データとAIの利用についての倫理的含意につき考慮し貴組織の価値に体系化

政策・規制
主要な公共政策・規制トレンドを予想するとともに理解し法令遵守プロセスを調整

統制

ガバナンス
３線の防御ラインを通してシステムの監視を可能とする

法令遵守
規制，組織の方針，業界基準を遵守

リスク管理
移行リスクの探索および緩和の実践を拡大し，AI特有のリスクと問題点に対処

責任ある実践

解釈可能性・説明可能性
透明な意思決定モデルを可能とする

持続可能性
環境インパクトを最小化し人々に力を与える

頑健性
高い実績と信頼性のあるシステムを可能とする

バイアス・公正
公正を定義，測定し，基準に照らしシステムをテストする

セキュリティ
システムのサイバーセキュリティを強化

プライバシー
データプライバシーを保持するシステムを開発

安全性
物理的な危害を防止するシステムを設計しテストする

コアとなる実践

問題の定式化
解決している確固たる問題AI/機械学習の手法が保証されているかどうかを識別

基準
業界標準，ベストプラクティスに準拠

検証
モデルのパフォーマンスを評価し，設計と開発の繰り返しを継続し，メトリックスを改善

モニタリング
継続的なモニタリングの仕組みを加え，偏向やリスクを識別

4　責任あるAIフレームワーク

ビジネスにおいて生成AIのユースケースと責任あるAIの適用方法を検討し始める際に，留意すべき主なリスクを次に示します。

- 偏見のある，不快な，または誤解を招くコンテンツ
  従来のAIと同様，生成AIは，主にそのデータの偏りが原因となり，人々に対して偏見を示す可能性があります。しかし，ここでのリスクはより深刻になる可能性があります。たとえば，あなたの名前を使って誤った情報や虐待的または不快なコンテンツを作成されることが考えられます。

- 新たな，よりダークなブラックボックス
  生成AIは通常，専門のサードパーティーが構築した「基盤モデル」において実行されます。このモデルを所有していないか，または内部の仕組みにアクセスできないため，特定の出力が生成された理由を理解することは不可能な場合があります。生成AIツールの中には，使用しているサードパーティーソリューションを明らかにしていないものもあります。
- サイバー脅威
  生成AIが魅力的なコンテンツの作成に役立つように，悪意のあるアクターが同じことを行うのに役立ちます。たとえば，幹部の電子メール，ソーシャルメディアへの投稿，ビデオへの出演を分析して，幹部の文体，話し方，顔の表情になりすますことができます。生成AIは，ある特定の会社からのものであるかのように見えるメールやビデオを作成し，誤った情報を広めたり，利害関係者に機密データを共有するよう促したりする可能性があります。
- 新しいプライバシー侵害
  生成AIの膨大なデータセット内のデータを接続する（そして必要に応じて新しいデータを生成する）能力は，プライバシー管理を突破する可能性があります。明らかに異なるデータポイント間の関係を特定することで，匿名化した利害関係者を特定し，機密情報をつなぎ合わせることができます。
- パフォーマンスを脅かす幻覚
  生成AIは，ほとんどすべての質問に対して説得力のある答えを出すのが得意です。しかし，時には，その答えが完全に間違っているにもかかわらず，権威ある方法で提示されている場合があります。これをデータサイエンティストは「幻覚（hallucination）」と呼んでいます。幻覚が発生する理由の１つは，常に正確であるとは限らない場合でも，合理的に見えるコンテンツを生成するようにモデルが設計されていることが多いためです。
- 盗難に基づいて構築された安全でないモデル
  生成AIの基礎となる非常に多くのデータがあるため，そのソースを常に知っているとは限りません。また，それを使用する許可があるかどうかもわかりません。たとえば，生成AIは，著作権で保護されたテキスト，画像，またはソフトウェアコードを，ユーザーの名前で生成するコンテンツで複製する場合があります。それは知的財産の盗難とみなされ，罰金，訴訟，ブランドへの打撃につながる可能性があります。
- 知的財産の過誤による共有
  注意を怠ると，競合他社がコンテンツを生成するのに役立つ独自のデータと洞察を見つけることができます。生成AIモデルに入力した情報がデータベースに入り，広く共有される可能性があります。

5　生成AIを責任を持って使い始める方法

現在，強力な責任あるAIプログラムを持っている場合，ガバナンスの取組みによって，生成AIの新たな課題の多くにすでにフラグが立っている可能性があります。それでも，急速に進化するテクノロジー環境において責任あるAIを適用するうえで細心の注意を払うべき重要な領域と考慮すべき重要な手順があります。

- リスクベースの優先順位設定
  一部の生成AIリスクは，他のリスクよりも利害関係者にとって重要です。ガバナンス，コンプライアンス，リスク，内部監査，AIの各チームが最大のリスクに最大の注意を向けられるように，エスカレーションフレームワークを調整し，または確立します。
- サイバー，データ，プライバシー保護を刷新
  サイバーセキュリティ，データガバナンス，およびプライバシープロトコルを更新して，悪意のあるアクターの生成AIによる個人データの推測，IDの解明，またはサイバー攻撃実施のリスクを軽減します。
- 不透明性リスクに対処
  一部の生成AIシステムでは，説明可能性はオプションではありません。特定のシステムが特定のアウトプットを生み出した「理由」を解明することは不可能です。これらのシステムを特定し，公平性，正確性，およびコンプライアンスをサポートするのに役立つプラクティスを検討し，監視が不可能または非現実的である場合は慎重に対処してください。
- 利害関係者に責任ある使用と監視を提供
  生成AIを使用する必要がある従業員に，その仕組み，いつ，どのように使用するか，いつ，どのように出力を検証または変更するかについての基本を教えます。知的財産権の侵害やその他の関連リスクを特定するためのスキルとソフトウェアをコンプライアンスおよび法務チームに提供します。
- 第三者を監視
  生成AIを使用するコンテンツやサービスを提供しているベンダー，関連するリスクをどのように管理しているか，潜在的なリスクを把握してください。
- 規制の状況をウォッチ

世界中の政策立案者は，AIの開発と使用に関するガイダンスをますます多く発行しています。このガイダンスはまだパッチワークであり，完全な規制の枠組みではありませんが，特にAIのプライバシーへの影響，AIのバイアス，AIの管理方法に関して，新しい規則が絶えず生まれています。

- 自動監視を追加
  生成AIによって作成されたコンテンツがこれまで以上に一般的なものとなっているため，AIにより作成されたコンテンツを識別し，その出力を検証し，偏見やプライバシーの侵害について評価し，必要に応じて引用（または警告）を追加するための新しいソフトウェアツールを検討してください。

コラム～責任ある生成AIとは何でしょうか？

取締役会から顧客，規制当局まで，利害関係者との信頼を構築して維持するには，組織が責任を持ってAIを利用する方法を検討する必要があります。生成AIも例外ではありません。データとパフォーマンスに対する継続的なガバナンスを示す準備ができている必要がありますが，人間と機械の相互作用，仕事の置換え，アルゴリズムの意図しない結果に関する新たな問題に組織が対応していることも必要です。規制を遵守するだけではありません。信頼を築くことは，ビジネスとブランドにとって良いことです。

6　はじめから信頼をデザインする

責任あるAI（および一般的な信頼できるテクノロジーについても同様ですが）に黄金律があるとすれば，それは次のとおりです。

システムが稼働してからギャップを埋めようと競争するよりも，最初から設計によって信頼を実装し，設計によって倫理を実装するほうが良い結果をもたらします。そのため，生成AIを含め，企業におけるAIの成熟度に関係なく，責任あるAIをできるだけ早く前面に出し，すべての段階において最優先に考えておくことが賢明といえます。

■序１～６の参考文献

(以下を翻訳したものを基礎に大幅に加筆)

2023年４月25日　PwC US「AIと分析：責任あるAIとは何ですか？　また，信頼できる生成AIの活用においてどのように役立つのでしょうか？」

AI and Analytics What is responsible AI and how can it help harness trusted generative AI?

https://www.pwc.com/us/en/tech-effect/ai-analytics/responsible-ai-for-generative-ai.html

7　補論～デジタル倫理，デジタル規制，デジタルガバナンスの関係

ここでは，しばしば登場する用語であるとともに，混同されることも多いデジタル倫理，デジタル規制，デジタルガバナンスの三者の関係についてアカデミアの研究に基づき概念整理しています。「デジタル」のところをたとえば「AI」や「データ」に置き換えても当てはまります。

デジタルのガバナンス（以下，「デジタルガバナンス」，「DG」），デジタルの倫理（以下，「デジタル倫理」，「DE」。コンピュータ，情報，またはデータの倫理としても知られています（Floridi and Taddeo 2016）），デジタルの規制（以下，「デジタル規制」，「DR」といいます）は，それぞれ異なる規範的アプローチであり，補完的ではあるものの次のとおり互いに混同しないことが肝要です。**【図表２】**をご参照ください。

デジタルガバナンスとは，情報圏（注：infosphere。information（情報）とsphere（球・空間）の混成語であり，人間が扱う「情報」によって形成される，「物理的空間」とは別の独自の秩序を，比喩的に表現した言葉）の適切な開発，使用，および管理のためのポリシー，手順，および標準を確立して実装することです。それは慣習と適切な調整の問題でもあり，時には道徳的でも不道徳的でもなく，合法でも違法でもありません。たとえば，政府機関または企業は，

【図表２】　デジタル倫理，デジタル規制，デジタルガバナンスの関係

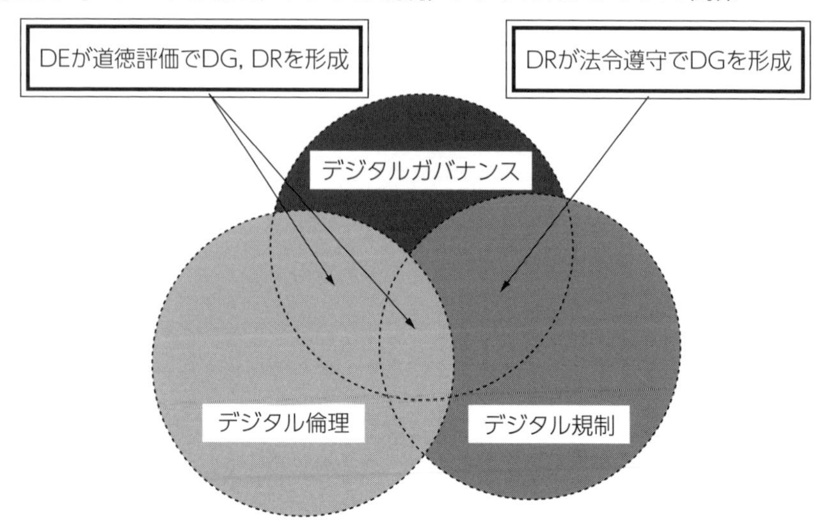

デジタルガバナンスを通じて，(a)サービスのデータ品質，信頼性，アクセス，セキュリティ，および可用性を向上させるために，データスチュワードおよびデータ管理者が使用するプロセスと方法を決定および制御することができます。また，(b)データ関連プロセスに関する意思決定および説明責任の特定のための効果的な手順を考案します。

デジタルガバナンスの典型的な適用例は，2016年，英国内閣府の「データサイエンスの倫理的枠組み」に関するプロジェクトでした（Cabinet Office 2016）。これは，公務員にデータサイエンス・プロジェクトの実施に関するガイダンスを提供し，データを利用してイノベーションを起こす自信を与えることを目的としていました。

デジタルガバナンスは，デジタル規制とは重複しているものの必ずしも同一ではない，ガイドラインおよび推奨事項から構成されることがあります。これは，関連する法律，情報圏における関連するエージェントの行動を規制するために，社会機関または政府機関を通じて作成および施行される規則のシステムについての別の言い方です。

デジタル規制のすべての側面がデジタルガバナンスの問題であるとは限らず，

デジタルガバナンスのすべての側面がデジタル規制の問題であるとも限りません。欧州における一般データ保護規則（GDPR）がその良い例を示しています。コンプライアンス（法令遵守）は，デジタル規制がデジタルガバナンスを形作るための重要な関係です。

これはすべて，データと情報（生成，記録，キュレーション，処理，普及，共有，利用を含む），アルゴリズム（AI，人工エージェント，機械学習とロボット）および対応する慣行とインフラストラクチャ（責任あるイノベーション，プログラミング，ハッキング，専門的な規範と基準を含む）を利用して，道徳的に優れた解決策（例：善行または適切な価値）を策定およびサポートします。デジタル倫理は，道徳的な評価の関係を通じてデジタル規制とデジタルガバナンスを形成します。

■参考文献

Floridi, L. Soft Ethics and the Governance of the Digital. Philos. Technol. 31, 1–8（2018）. https://doi.org/10.1007/s13347-018-0303-9

羽深宏樹『AIガバナンス入門：リスクマネジメントから社会設計まで』（早川書房，2023年）

■研究課題

ChatGPTから進んでLLM（Large Language Model，大規模言語モデル）に踏み込み，会計に特化した言語モデルの開発などの可能性についても考えてみましょう。

■参考リンク

令和５年４月　内閣官房 新しい資本主義実現本部事務局　参考資料（2023）
https://www.cas.go.jp/jp/seisaku/atarashii_sihonsyugi/kaigi/dai17/shiryou1.pdf

Felten, Edward W. and Raj, Manav and Seamans, Robert, How will Language Modelers like ChatGPT Affect Occupations and Industries?（March 1, 2023）. Available at SSRN: https://ssrn.com/abstract=4375268 or http://dx.doi.org/10.2139/ssrn.4375268

—第１部—

監査の変革に向けられたロードマップ

監査は（ここでは外部監査人による財務諸表監査を想定しています。詳しい監査概念の説明は第2部にて行いますので，ここでは省略します），その時代ごとの情報技術（インフォメーションテクノロジー，以下では単にテクノロジーとします）を利用して実施されています。その具体的な姿について第2部において詳しく見ていく前に，ここでは監査がテクノロジーの日進月歩の発展とあわせてどのように変革し，発展している途上にあるのかについて，その全体像を俯瞰しておきたいと思います。

【図表1】では，テクノロジーの変化に対応した監査の変革について，将来に向けたロードマップを示しています。横軸には変化を示すため時間軸をとっており，時間軸は大きく“Today”，“Tomorrow”，“Beyond”の3つの時期に分けて示すことができます。

まず，“Today”とは現時点であり，現在まさに実施されている監査を指しています。次に，“Tomorrow”とは近い未来（おおむねこの先数年間を想定）を意味しており，この間に予想される監査の姿となります。さらに，“Beyond”とは，中長期（おおむね5年以上先の未来）であり，こうした未来を展望した新しい監査の姿を示しています。

ここで，制度としての財務諸表監査は「監査基準」と名づけられた社会において定められる規範に従って，監査人により実施されることを求められています。監査基準については，その制定についてはもとより，それを改訂するにあたっても“Due process”（適正な手続）に基づいてなされるべきであるという要請があります。

このため，現在の監査基準を新しいテクノロジーに適合した新しい監査基準へと改訂するためには，監査を取り巻くステークホルダーの合意を得るために，どうしても一定の時間が必要となります。一般的に，テクノロジーの発展が早いのに対して，監査基準やそれに基づいて行われる監査の実務は，どうしても遅れてついていく宿命にあります。

監査の従うべき規範がテクノロジーの発展に対応するためにはどうしてもある程度の時間が必要となってしまうためですが，監査基準を設定する主体（スタンダードセッター）の立場においても，この点は強く意識されていることです。規範が存在することがテクノロジーの発展による財務諸表監査の進化を妨

【図表1】 監査変革ロードマップ（テクノロジーロードマップ）

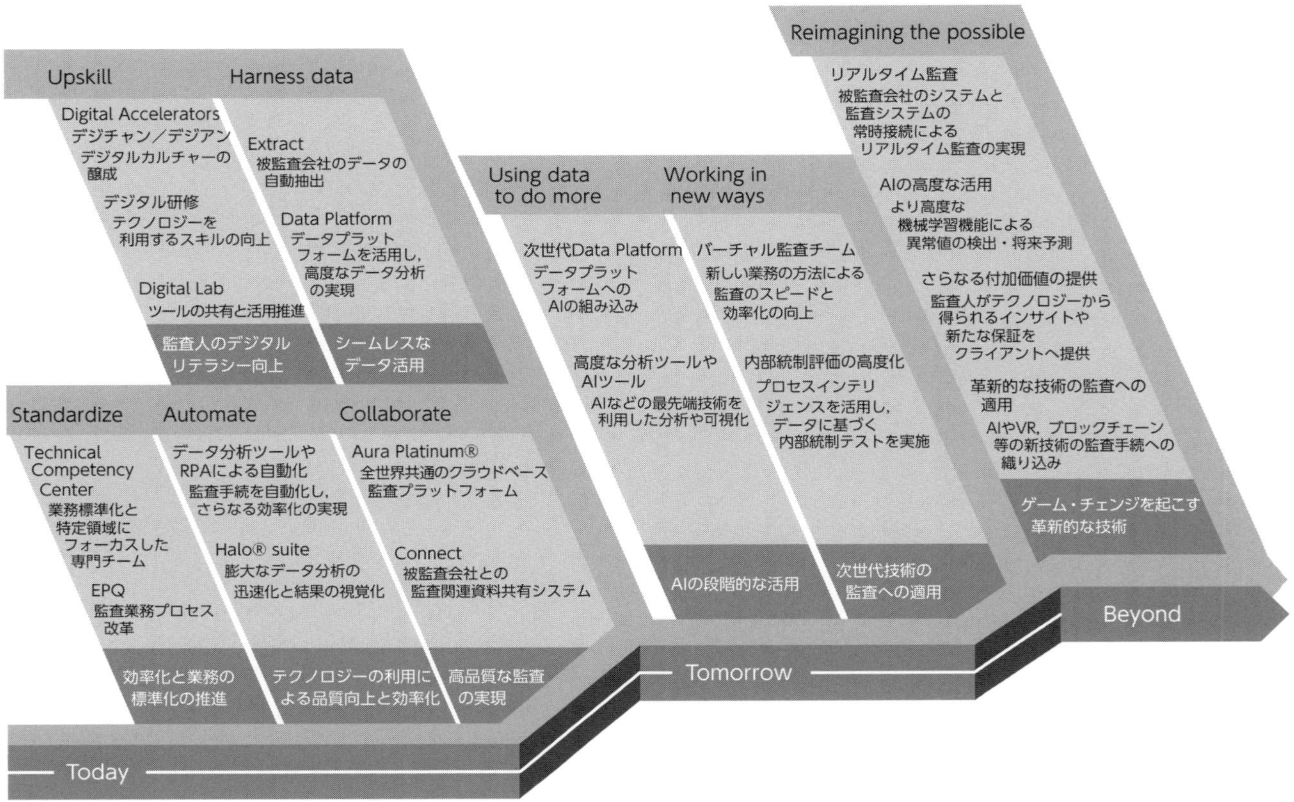

げるとすれば，変化の激しい世界において監査の社会的な有用性を損ないかねないという危機感があります。こうした事態を避けるため，規範の側でも，急ピッチでのテクノロジーへの対応が進められることとなります。

以下では，ここでの時系列に沿って，“Today”，“Tomorrow”，“Beyond”の順番にて説明していきます。

1 “Today” ～現時点で実施されている監査

まず，Todayです。現在行われている監査において，テクノロジーの発展に対応した以下の4つの観点において進歩を遂げつつ，実施されてきています。

(1) “Upskill”「デジタルスキルの向上」

新しいテクノロジーを監査の実務に取り込んでいくための第一歩として，監査に従事する人は，まず何はともあれ自らのデジタルリテラシーを向上させていなければなりません。そのためには，自分のデジタルテクノロジーに対する習熟の度合いを強く認識しなければならず，また，常に新たな技術を学び修得していく必要があります。

その過程では，所属している組織においても，デジタル環境を理解するカルチャーが醸成されている必要があります。各自がテクノロジーを利用するスキルを向上させることができたなら，そのツールを組織において共有し，活用を推進していかなければなりません。

さらに，新たなスキルを実証することで社会におけるデジタル変革をリードし，データガバナンスのプロセスを構築していくための見識を備えることも求められます。

(2) “Harness data”「データの活用」

現代の監査においてはデータをこれまで以上に利用することが求められます。すなわち，シームレス（継ぎ目のない）に構築されたデータを活用するため，被監査会社におけるデータを自動抽出し，また，さまざまなデータプラットフォームも活用することで，より高度なデータ分析を実現することができるようになります。

(3) “Standardize”監査業務の「標準化」

また，監査業務を効率化するという目的から，当該業務の標準化を推進していくことも必要です。この業務標準化のために，特定領域にフォーカスした専門チームを設けることにより，監査業務プロセス改革を進めることが有効であると考えられます。

(4) “Automate”監査業務の「自動化」

さらに，テクノロジーを利用し品質を向上させて効率化を図るためには，データ分析ツールやRPA（ロボティック・プロセス・オートメーション。ビジネスプロセスの自動化技術のこと）を通じた自動化が必要です。監査手続を自動化することで，さらなる効率化の実現が期待されます。その結果，膨大なデータ分析の迅速化を実現し，結果を視覚化していくことも有益となります。

(5) “Collaborate”「協働」（コラボレーション）

より高品質な監査を実現させるためには，全世界で共通するクラウドベースの監査プラットフォームを設けることが有効となります。クラウドとは，ユーザー側がインフラやソフトウェアを持たず，インターネットを通じてサービスを必要な時に必要な分だけ利用するという考え方です。被監査会社との間でも監査に関連する資料を共有するシステムを設けることが，さらなる監査手続の効率化につながり，ひいては監査の質の向上にもつながることとなります。

2 “Tomorrow”～すでに実現しつつある未来の監査

次に，近い未来における実施に向けて準備が進められ，現実のものとなることが予想される新しい監査は，次に述べる２点の特徴を有するものとなっています。

⑴ “Using data to do more”「データのさらなる活用」

監査業務でも人工知能（AI）を段階的に活用していくことが考えられます。テクノロジーの発展に対応して設けられている次世代のデータプラットフォームにAIも組み込み，データの格納場所と作業場所が一体となることによって，業務の効率化や高度化がなされます。

また，高度な分析ツールやAIツールを含む最先端のテクノロジーを利用して，分析の可視化を図ります。これに伴い，監査人に求められる能力も従来のものとは異なるものとなることが予想されています。

⑵ “Working in new ways”「新たな監査メソドロジー」（方法）

また，近い未来における次世代技術の監査への適用として被監査会社などの一箇所に常駐するのに代えて「バーチャル監査チーム」を設け，新たな業務の方法による監査のスピードと効率化の向上を図ることが考えられます。

企業において不祥事を防ぎ，業務の適正を確保するための社内体制を意味する概念を内部統制といいます。監査における内部統制の評価についても，それを高度化し，いわゆる「プロセスインテリジェンス」（データ分析を活用した業務全体の見える化と最適化）を活用し，データに基づく内部統制のテストを実施します。被監査会社へのヒアリングに基づくサンプルベースでの内部統制評価に代え，データに基づき網羅的に検証を行い，評価プロセスを高度化させます。

詳細は第２部で述べますが，Tomorrowの時点で想定される監査のイメージについて，たとえば現預金を例に概観すると**【図表２】**のとおりになります。

【図表2】 Tomorrow実現時点の監査手続（例：現預金勘定）

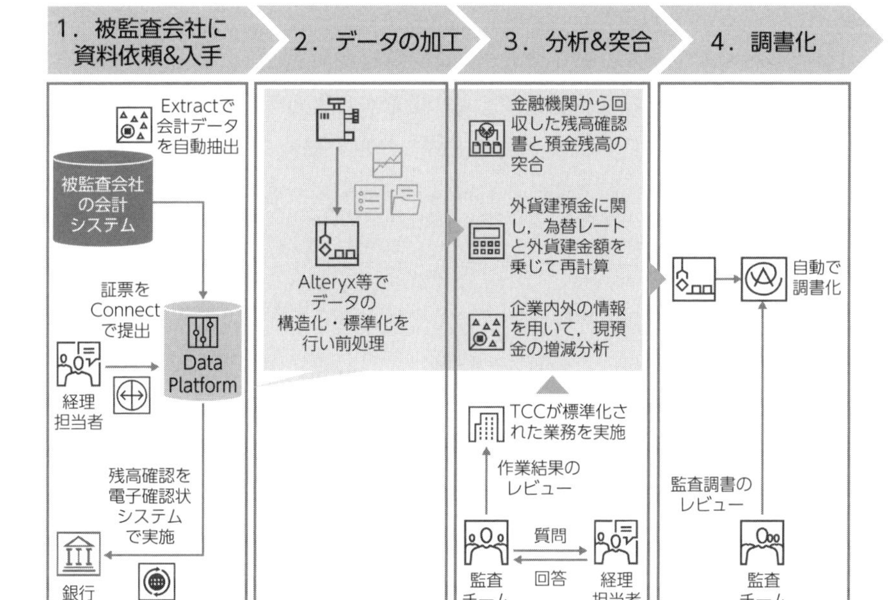

3 “Beyond”～中長期を展望した新しい監査像

さらに，“Tomorrow”よりもさらに中長期の期間を展望し，これから実現が可能なものとして研究が進められている新しい監査の姿は，以下の4つの特徴を有したものとなるであろうと予想されます。ここには，監査の領域におけるゲームチェンジを起こすほどの革新的な技術が含まれます。

ここでゲームチェンジとは，ビジネスの領域において従来当たり前とされてきたフレームワークやルールが崩壊し，新しいものに置き換えられることを指す言葉です。たとえば，従来のマーケットにおける競争により限られたパイを分け合う形から，分かち合うという概念を持ち込んだシェアリングエコノミー企業の発生が例として挙げられます。監査の領域でもゲームチェンジを起こすことが，“Beyond”においては想定されうるということを指します。

(1) リアルタイム監査

被監査会社のシステムと監査システムを常時接続することによる，リアルタイムでの監査を実現することがあります。従来から実施されてきた監査ではどうしても決算期末における監査手続の占める比重が高くなっていたのですが，リアルタイム監査により期末よりも期中における手続の割合を高めることが可能となります。

これにより，決算期末に監査に伴う作業が集中することから「季節労働」などと揶揄されていた財務諸表監査の姿は，劇的に変化していくこととなります。

リアルタイム監査における監査人の役割は，自動処理の結果に対する監査人としての判断や，それを受けてのクライアントとのコミュニケーションが中心となります。被監査会社のシステムと監査システムを常時接続することで実現できることとなります。

(2) AIのより高度な活用

また，より高度なAIを監査において活用し，異常値を検出したり，将来予測を行ったりするなど，よりハイリスクなエリアへと対応します。それは，より高度な機械学習機能によるものであり，異常値の検出や将来予測を可能とします。

(3) さらなる付加価値の提供

監査人は，高度なテクノロジーを活用することから新たに得られるようになったインサイトや新たな保証を提供していきます。また，監査人が行う保証業務の範囲が拡大するとともに，革新的な技術を監査へも適用していきます。

そうしたインサイトについても，AIやVR（Virtual Reality，人工現実感，仮想現実），ブロックチェーン（取引の履歴を暗号技術を用いてチェーンのようにつなげ，正確な履歴を維持することを試みるための新技術）等の新たな技術を監査プロセスへ織り込むことで，より高度化されたインサイトとなることとなります。

(4) 革新的なテクノロジーの監査への適用

上述したAIやVR，ブロックチェーン等の新しいテクノロジーが，個別の監査手続へも織り込まれていきます。詳細は後述します。

【図表3】 第1部のまとめ～時系列ごとの監査の変革―例示―

Today	• デジタルスキルの向上 • データの活用 • 監査業務の標準化 • 監査業務の自動化 • 協働（コラボレーション）
Tomorrow	• データのさらなる活用 • 新しい監査メソドロジー（方法）
Beyond	• リアルタイム監査 • AIのより高度な活用 • さらなる付加価値の提供 • 革新的なテクノロジーの監査への適用

―第２部―

AIを利用した財務諸表監査

1　監査と監査証拠の基礎，監査プロセス

キーワード
監査，アサーション，監査要点，監査証拠，監査手続，合理的な基礎，職業的懐疑心，発見リスク

1.1　監査とは？

本書で扱っている「監査」とは何でしょうか。実は「監査」という言葉はさまざまな場所でさまざまな意味を有する概念として用いられているのですが，ここでは職業会計人である公認会計士により実施されている財務諸表監査を念頭に置くこととします。監査の世界において世界的に最も権威があるとされている学術組織による監査の定義は，アメリカ会計学会（American Accounting Association, AAA）による定義です。

それによると，監査とは「経済活動や経済的事象についてのアサーションと確立された規準との合致の程度を確かめるために，これらのアサーションに関する証拠を客観的に入手・評価し，その結果を利害関係のある当事者に伝達する組織的なプロセス」であるとされます（AAA（1973））。

このAAAによる定義は2つの部分から構成されています。まず，「経済活動や経済的事象についてのアサーションと確立された規準との合致の程度を確かめるため」の部分は監査の目的を指しています。これに対して「これらのアサーションに関する証拠を客観的に入手・評価し，その結果を利害関係のある当事者に伝達する組織的なプロセス」の部分が監査という機能の本質を意味しています。すなわち，監査の機能とは「アサーションに関する証拠を客観的に入手・評価し」，「結果を利害関係のある当事者に伝達する」，思い切って短くいうとすれば「証拠の評価」と「結果の伝達」ということとなります。

1.2　監査の目的

本項では，上記の定義の構成部分のうち，監査の目的を指す部分に含まれている言葉をもう少し詳しく説明します。

(1)　アサーション

アサーション（assertion）は，日本語に直訳すると「主張」となりますが，特に「真偽の決定できる文」，「確からしさの決定できる文」の形態をとる主張を意味しています。監査の定義におけるアサーションは２つの側面をもっています。

第１に，「財務諸表に最終的な責任を負っている経営者の会計的言明」（鳥羽（2018）60-63頁）であり，たとえば「売掛金期末残高に計上されている営業債権は実在している」，「売掛金期末残高は適正に表示されている」などの言明がこれに当たります。

第２に，上記のアサーションは，監査人の立場から，その従事する認識（監査認識）の対象を示す概念ともなります。ここで，監査認識とは「監査人が証拠を入手・評価し，財務諸表の適否について信念（心証）を形成する活動の総称」を指します。第１の側面が経営者の視点であるのに対して，第２の側面は監査人の視点である点で異なります。それは監査人の立証の対象であり，たとえば，売掛金についていえば「売掛金100,000千円」に込められた会計上の意味ということとなります。

この監査人視点での側面は，その明示的な意味（実在性，回収可能性等）に加えて，黙示的な意味（会計帳簿との一致，内部統制等）でもありえますが，それが監査人の認識活動を事実上決定することとなります。もし，アサーションがしかるべく設定されず，または不適切に設定された場合には，その後の監査手続がおのずと影響を受けるのみならず，監査認識が誤った方向に向かう可能性をもはらんでいます。

このように，監査人は当事者の言明（アサーションの第１の側面）をまず受け入れたうえで，それを監査手続により裏づけるというプロセスを採用しています（アサーションの第２の側面）。

ここで，アサーションの中で監査人が想定する「確かめるべき（調査すべき）ところ」が監査における目標（audit objective）となります。これは，実務では一般に「監査要点」と称されています。監査要点は明示的であることもあれば，黙示的であることもあります。

【図表1】　アサーションと監査要点の定義

アサーション（第1の側面：経営者からの視点）	財務諸表に最終的な責任を負っている経営者の会計的言明
アサーション（第2の側面：監査人からの視点）	監査人が証拠を入手・評価し，財務諸表の適否について信念（心証）を形成する活動（立証）の対象
監査要点	監査人が想定する確かめるべきところ

(2)　確立された規準

確立された規準とは，こうしたアサーションについて監査人が適用する，関係者の間で合意（承認）された判断基準のことをいいます。財務諸表監査の場合においては「一般に認められた会計原則」(Generally Accepted Accounting Principles：GAAP，一般に公正妥当と認められる企業会計の基準ともいいます）です。これはしかるべき機関におけるデュープロセスを経て合意（承認）されたものであり，比較的硬度の高い規準です。

【図表2】　確立された規準の定義

確立された規準	アサーションについて監査人が適用する，関係者の間で合意された判断基準のこと

定義の構成部分の後半については，次項において説明します。本項では上記の「アサーション」が「確立された規準」の要求するところとどの程度合致しているかをもって，「監査認識」の実質であると捉えられること，また，監査の実務においてはこの監査認識について広く「監査手続」という名称で呼ばれていることを押さえていただければと思います。

なお，アメリカ会計学会による監査の定義を別の言い方で言い換えると，

「監査の主題に関連して識別されたアサーションと確立された規準との合致の程度を確かめるために，独立の第三者がこれらのアサーションに関する証拠を客観的に入手・評価し，その結果を監査人の結論として関係者に伝達する組織的なプロセス」（鳥羽ほか（2015）による定義）と説明することもできます。

1.3　監査の機能

前項までで，監査の定義について説明するとともに，監査において①「アサーションに関する証拠を客観的に入手・評価し」（証拠の評価），②「結果を利害関係のある当事者に伝達する」（結果の伝達）の２点がその機能の本質と考えられると指摘しました。本項では，新しい情報技術が監査に与える影響を考える前に，①の証拠の評価についての基礎的な考え方を整理しておきたいと思います。具体的には，監査実務において重要な位置を占める監査手続，監査証拠の概念を説明します。

(1)　監査手続

前項で述べた内容を踏まえると，監査手続とは「特定のアサーションの内容に関連する監査証拠を入手し，それにしかるべき監査技術を適用することを通じて，当該アサーションがどの程度確からしいかを決定すること」（鳥羽ほか（2015）による定義）と定義することができます。

(2)　監査証拠

このうち，監査証拠の概念については，広義と狭義があるとされています。

まず，狭義では「アサーションを立証するための立証の材料」（狭義の監査証拠）となります。前述の監査の定義において用いられている証拠，イコール監査証拠であると考えれば，この狭義の定義が用いられることとなります。

他方，広義では，この「アサーションを立証するための立証の材料」という狭義の監査証拠に加えて「立証すべきアサーションを識別するための情報」および「監査人が行う被監査会社のリスク評価に関連して入手する情報」を加えた３つからなる概念となります。これが広義の監査証拠を構成することとなります。

後に述べる現行の国際監査基準（ISA）第500号「監査証拠」では，これらのうち広義の監査証拠の概念が採用されていることには留意する必要があります。

監査証拠について，監査人の観点から整理すると【図表３】のように示すことができます。

【図表３】 監査人からみた監査証拠と主な監査技術
（鳥羽ほか（2015）218頁 図表13-３を参考に作成）

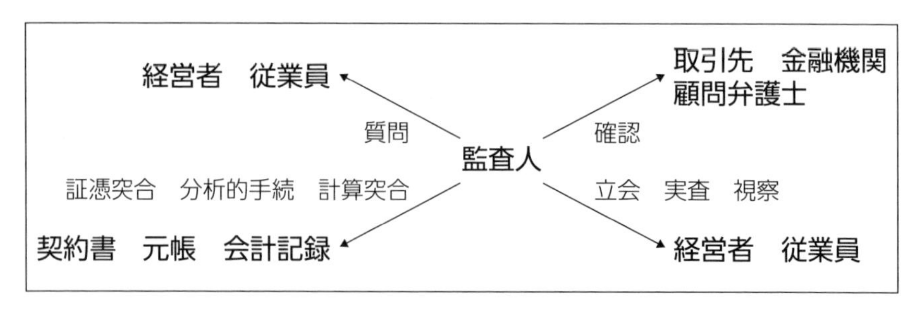

こうした監査手続を実施する中で行われている監査人の判断としての証拠の評価は，次のとおり「関連性」，「信頼性」，「十分性」という３つの観点からなされています。

① 監査証拠の関連性➡入手した監査証拠が当該アサーションの求めるところに適合しているか
② 監査証拠の信頼性（真正性を含む）➡監査証拠がどの程度信頼できるものであるのか
③ 監査証拠の十分性➡「十分」とは量的に十分という意味であり，入手した監査証拠の量が当該アサーションについての合理的な信念の形成を支えるのに十分であるかどうか

監査人の入手した証拠が①の「関連性」および②の「信頼性」を備えていれば，当該証拠は「適切」であるとされます。ここで「適切」とは入手した証拠がアサーションに対して関連性をもち，かつそれ自体が信頼できるものである

ことを意味しています。

また，③の「十分性」を含めて①，②，③のすべてを備えた証拠は，「十分かつ適切な監査証拠」であるとされます。国際監査基準の動向を反映した標準的な監査報告書様式では「当監査法人は，意見表明の基礎となる十分かつ適切な監査証拠を入手したと判断している」との文言となっています。

(3)　監査技術

ここで，特定のアサーションの確からしさについて信念（心証）を形成するために，アサーションの意味するところに適合する監査証拠を入手するために，選択・適用される適切な照合の手段のことを監査技術と呼びます。

本書の次節以下では，主要な監査技術のうち新たなテクノロジーを適用することにより影響を受けることが考えられるものについて扱っています。

(4)　具体的なイメージ

より具体的なイメージをつかんでいただくために，鳥羽ほか（2015）に記載されている説明を参考にしつつ，監査プロフェッショナルを大工さんの仕事にたとえてみると**【図表４】**のとおりになると思います。

【図表４】　監査の仕事の具体的なイメージ

監査プロフェッショナル	大工さんの仕事にたとえると……
財務諸表に関する意見表明	家を建てること（目的）
監査計画	設計図
監査技術	金槌・のこぎり・ノミ・錐・シャベルなどの工具と，それらを利用した個々の作業（手作業および機械作業）
監査手続	大工さんの設計以降の作業プロセス
証拠資料の入手と，監査証拠の積み上げ	建築資材・砂・モルタル・石などの「材料」を用いて，柱・壁・屋根・台所・風呂場などの「各部」を組み上げ
監査報告書および監査意見	完成した家

（上場会社）監査事務所の登録	行政への建築書類の提出と建築許可の取得
当局による有価証券報告書のレビュー	行政による完成検査
確立された規準	国民の生命・健康・財産の保護のために建築物の敷地・設備・構造・用途についてその最低基準を定めた建築基準法や，環境保護などを目的としたさまざまな公的な規制など
監査基準（後述1.6）	設計図を正確に読み取って寸分の狂いなく加工する技術のほか，建材や建築技術についての知見を文書化した手順書など

すなわち，家を建築すること（財務諸表についての意見表明）を目的として，設計図（監査計画）に従って，建築資材や砂・モルタル・石など（監査証拠）を調達（入手）し，金槌・のこぎり・ノミ・錐（きり）・シャベルなど（監査技術）を使うこととなります。ここで建築資材などに相当するのが監査証拠，工具とそれらを利用した個々の作業に相当するのが監査技術となります。

1.4　職業的懐疑心

監査証拠の評価にあたっては，職業的懐疑心を保持することが問題となります。たとえば，後述する監査基準の１つである日本の監査基準の第二の３，一般基準では「監査人は，職業的専門家としての正当な注意を払い，懐疑心を保持して監査を行わなければならない。」と定められています。

ここで，懐疑心とは職業的懐疑心のことであり，職業的懐疑心は「職業的専門家としての正当な注意」なる概念の中に含まれているはずのものであるとされます。よりわかりやすくいうと「鵜呑みにしない」，「批判的な目を持つ」ということです。監査という行為に内在する「批判的にものを見ようとする」という監査人の心の状態を指しています。

職業的懐疑心を強調することによって，監査人が従事する認識のあり方（監査手続のあり方）に影響を与え，それによって監査に対する会計プロフェッショナルの取組みを一段と強化するところに狙いが込められています。しかし，その定義やどの水準を適当とするかについての議論は必ずしも一致をみていないとされます。

監査認識プロセスの各段階において，職業的懐疑心をどの程度，そしてどのように保持すべきであるかについては，職業的懐疑心について十分な定義が用意されていないことも関連して，研究途上にあるとされ，新たな監査研究の分野となっています。

この点，監査認識プロセスに組み込まれている証拠の評価が職業的懐疑心を十分に働かせながら適切に行われていることが求められ，監査法人が整備し運用している品質管理システムにより担保されなければならないとされます。

1.5　監査リスク，発見リスク

現行の財務諸表監査では，財務諸表の信頼性について社会が期待している保証水準を実現することを前提に，どのような監査手続を選択し適用するかは監査人の自由な裁量に委ねることを認めるという「監査リスクアプローチ」の枠組みが採用されています。ここで，監査リスクアプローチに基づく監査を実施することは，監査リスクを合理的に低い水準に抑えるために，財務諸表における重要な虚偽表示のリスクを評価し，発見リスクの水準を決定するという側面をもっています。

ここで，「監査リスク」は，監査人が財務諸表の重要な虚偽表示を看過して誤った監査意見を形成してしまう可能性と定義されます。監査リスクはさらに「固有リスク」，「統制リスク」，「発見リスク」の３つのリスク要素に分解することができ，それらの積が監査リスクとされており，それぞれ【図表５】のとおりの意味を有しています。

【図表５】　監査リスクの３つの要素

固有リスク　×　統制リスク　×　発見リスク　＝　監査リスク

リスク要素	意　味
固有リスク	内部統制が財務諸表項目の信頼性に及ぼす影響をまったく度外視した場合において，財務諸表項目に固有の重要な虚偽表示がなされる可能性
統制リスク	経営者が当初設定した統制手続が有効に機能せず，その結果，財務諸表に重要な虚偽表示がなされる可能性
発見リスク	監査人が実証手続を実施したとしても，依然として残る重要な虚偽表示を検出できない可能性

これらのうち，発見リスクは監査人が監査証拠を評価するに際して，監査人の誤った判断に起因して重要な虚偽表示を見逃してしまうことのリスクです。この発見リスクは，以下の場合に顕在化すると考えられます。

- 試査を前提とする財務諸表監査において「サンプリングリスク」が存在すること
- 監査人が首尾よく重要な虚偽表示につながる監査証拠を入手しているものの，誤った監査証拠の解釈等により，監査判断のミスから重要な虚偽表示を看過してしまう可能性があること（ノンサンプリングリスク）

監査人は，全体として量的にも質的にも証明力の強い監査証拠が得られるような監査手続を計画する必要がある場合があります。

なお，リスクアプローチに基づく財務諸表監査では，財務諸表上の重要な虚偽表示に該当するかどうかを判断するために，監査人は「重要性の基準値」をあらかじめ設定します。これを引き下げた場合，監査人は，相対的に高い基準値が設定されている場合に比べて，広範囲にわたって強力な証拠を事前に評価し入手する必要があります。

つまり，監査人が許容する重要性の基準値を低く設定すると，全体として強い証明力を有する監査証拠が求められます。同一の条件の下で，重要性の基準値を高く設定すると，それほど高くない証明力を有する監査証拠でも所定の監査リスク内に抑えることを達成することが可能となります。

1.6　監査基準の役割，適用範囲

監査証拠についての監査基準として，国際監査基準第500号があります。この監査基準とは，鳥羽ほか（2015）115頁の定義によると，「ある時点において実施される財務諸表監査全体の質を規制する監査人の行為の基準であると同時に，職業会計士が財務諸表監査を実施するに際して必ず遵守しなければならない監査の規範」とされています。

この監査基準は，以下のような多面的な性格を有するものとされています（鳥羽ほか（2015）116頁）。

- 役割基準
- 監査人の行為・判断を規制する基準
- 財務諸表監査全体の品質基準
- 財務諸表監査の規範
- 責任基準（免責基準）
- 専門職業基準
- 利害調整の基準

また，監査基準には，日本，米国，英国等の各国（法域）ごとの基準と，国際監査基準とがあります。このうち国際監査基準は，IAASB（International Audit and Assurance Standards Board，国際監査・保証基準審議会）において制定されており，各法域における監査基準の進化をリードするとともに，監査基準のコンバージェンス（収束，収斂）を進めるうえで大きな役割を果たしています。

監査基準が監査人にとっての規範であって，責任基準（免責基準）としての性格を有することから，テクノロジーの発展に伴い監査手続の過程が影響を受け，また入手される監査証拠の態様が影響を受ける場合には，規範である監査基準も変化する必要があります。監査基準は従前の監査態様を前提として組み立てられているのが通常と考えられるところ，新しいテクノロジーを監査に適用した場合に，監査基準に抵触する可能性があります。

監査がテクノロジーの変化に対応するためには，監査基準の改正が求められ，国際的な監査基準設定主体であるIAASBにおいては，特に監査証拠をめぐって議論がなされています。監査基準が柔軟に対応できない場合には，監査そのものがテクノロジーの進化に対応できないことが考えられるためです。

次世代における監査業務について，まず監査手続にはさまざまなものがあり，特に実査，視察，質問，立会等，人間が現場に往査してコミュニケーションを図りながら実施するような手続は，現状のまま残っていく可能性があるといえます。次に，そもそも試査を前提としたリスクアプローチが採用されていない可能性もあります。

企業から投資家に対する会計情報の伝達において監査を位置づけると，**【図表6】**のとおりとなります。「証拠」，「アサーション」，「規準」の3つの概念がその中心にあることが示されています。

【図表6】 企業から投資家への会計情報の伝達

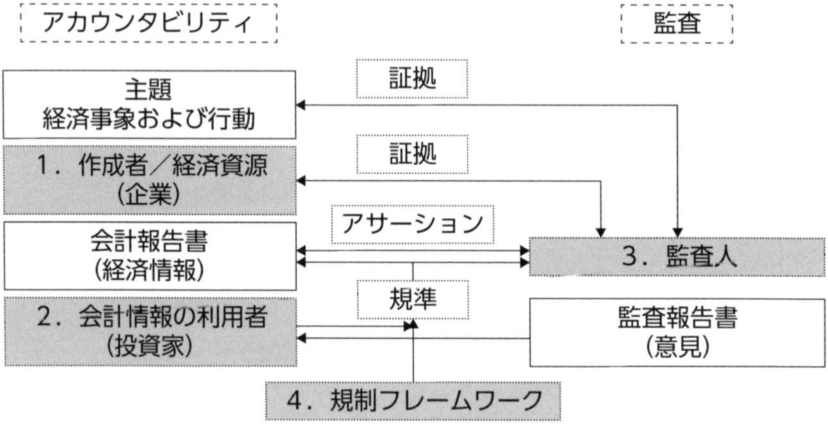

アカウンタビリティ
監査
主題
経済事象および行動
証拠
1．作成者／経済資源
（企業）
証拠
アサーション
会計報告書
（経済情報）
3．監査人
規準
2．会計情報の利用者
（投資家）
監査報告書
（意見）
4．規制フレームワーク

（出典） Gray et al.（2018）The Audit Process 7th ed. p.38

1.7　監査プロセス

監査の依頼から監査報告書の提出に至る監査プロセスは，監査契約，監査認識，監査報告の３つのサブプロセスからなっていると説明されています。

監査契約プロセス：監査契約を締結するかどうかを決定するサブプロセス
監査認識プロセス：監査計画の策定から証拠の入手を経て，意見表明の基礎を確かめるサブプロセス

1．監査計画策定のための予備調査
2．監査計画の策定
3．監査手続の実施・監査証拠の評価
4．アサーションについての信念の形成
5．意見表明の基礎の形成・評価

監査報告プロセス：監査報告書原案の審査を経て監査報告書を作成するサブプロセス

1．監査報告書の原案の作成
2．監査報告書の原案の検討・審査・承認
3．監査報告書の署名・押印・提出

本書におけるこれ以降の説明をこの監査プロセスに当てはめてみると，**【図表7】**のようになります。

ここで説明してきたのは伝統的な監査の枠組みであり，その内容は時の流れを経て変遷を続けてきています。本書ではAIの監査への適用可能性ならびに，被監査会社および監査人にもたらす効果について考察しています。近年注目を浴びているAIですが，監査においてはまだ実用化に至っているケースは少ないと言わざるをえません。一方で，監査現場の作業量は年々増加しており，生産性の向上が急務です。また，監査のステークホルダーからの期待に応えるうえでも課題となっています。

2020年以降の新型コロナウイルス感染症（COVID-19）の感染拡大の影響により，各企業でリモートワークの導入が推進され，業務の自動化，紙書類の廃

【図表7】　監査プロセス概観

(監査の依頼) ⬇	
監査契約プロセス ⬇	4.1　不正会計予測
監査認識プロセス ⬇	2　監査技術 3　監査計画 4.2　異常仕訳検知 4.3　開示
監査報告プロセス ⬇	5　完了手続
(監査報告書の提出)	

止によるデジタル化が急速に進んでいます。これらの課題にも監査手続のAI化やデジタル化は有効な手段となりうることから，実務における研究開発が進められています。

監査手続で用いるAIの学習には，大量の標準化されたデータの準備が必要です。しかし，従来の監査業務ではそれに見合ったデータの標準化が行われていませんでした。被監査会社によって会計システム，および注文書，請求書といった会計処理に必要な証憑のフォーマットが異なっており，また，監査人側においても被監査会社のビジネスの相違により監査調書のフォーマットが被監査会社ごとに異なっていた状況がありました。このままでは，AI利用のためのデータの前処理工程が膨大となってしまう問題があります。

このように，AIを用いた監査を行うためには，①業務プロセスおよびデータの標準化，②監査手続のデジタル化，③AIの導入という3ステップを踏むことが求められます。①の手始めとしては，専門的な知識を必要としない監査手続を集約的に行うセンターを設置し，運営の過程で業務プロセスを統一する，または共通のデータフォーマットに変換することで使用できる分析ツールを普及させ，被監査会社ごとのデータを共通のフォーマットに統一することにより，標準化を進めることとなります。

AIの時代において，監査のフレームワークがどのようなものとなるかは後述の**6**において検討していますが，まずは現行の監査（業務）にどのような変化が起こりうるかについて，次節から検討していきたいと思います。

■第２部１全体の参考文献

American Accounting Association（1973）. *A Statement of Basic Auditing Concepts.*　青木茂男監訳　鳥羽至英訳『基礎的監査概念』（国元書房，1982年）

Gray et al.（2018）The Audit Process 7th ed. p.38

2 監査手続・監査技術へのAIの適用

キーワード

確認，棚卸立会，証憑突合，分析的手続

2.1 確認～現預金の監査手続・監査技術

(1) 現預金に関するアサーション（経営者の主張）

現預金勘定は規模の大小を問わず，いかなる企業においても存在している勘定科目といっても過言ではありません。その性質上，企業における会計不正の温床ともなりやすい科目であり，とりわけ期末における実在性，すなわちその現預金が決算日に本当に存在しているのかが問題となります。

ここでは，預金勘定に対して実施される確認について説明します。なお，現金勘定については，監査人が自らその実在性を確かめる実査が行われることが通常です。

(2) 現預金の監査手続

現預金の監査手続における最も基本的で，極めて重要な監査技術が「確認」（Confirmation）です。確認とは，監査人が外部の関係者（被監査会社の取引先や金融機関など）に直接文書によって照会し，一定の事実や取引の存在，その内容，計算の成否を確かめてもらい，回答を文書の形で監査人が直接（被監査会社を経由することなく）入手するという監査技術です。

この説明から明らかなように，従来の確認は文書によって行われてきました。しかし，次世代における監査業務ではウェブを利用した残高確認が中心となり，当該データを入手したうえで会社の残高一覧データと自動照合するものとなることが想定されています。

【図表８】　現預金の監査手続

現　在	将　来	効　果
被監査会社の売掛金帳簿残高と，得意先が把握している残高が整合するかを確かめるため，得意先へ確認状を郵送する。回答金額と帳簿残高に不一致があれば，経理担当者へ原因調査を依頼する。	オンラインでの残高確認により回答金額と帳簿との自動突合，および確認先の明細を同時に入手することで差異調整を自動で実施する。 企業のステークホルダーと連携して，取引や残高データを自動で照合する。	確認手続のスピード向上により経理担当者および監査人の時間削減が可能となる。監査人の主な担当は差異調整結果の検証のみとなる。 情報漏えいリスクの低下により安全性が確保できる。

（注）　ここでは売上債権を例として説明しています。

具体的な勘定科目（たとえば現預金勘定）の一連の監査手続は，AI化によりどのように変わるでしょうか。

監査計画において識別・評価する重要な虚偽表示リスクは，財務諸表全体レベルとアサーションレベルの２つに分類されます。後者のアサーションレベルの重要な虚偽表示リスクはおおむね各勘定科目に紐づくリスクのことであり，監査手続の大部分の時間を占めているのが各勘定科目に関するリスク対応手続です。勘定科目ごとに業務フローや監査上のリスク，計上証憑も異なることから，監査人（監査チーム）は勘定科目ごとに担当者を決定し，監査手続を実施しています（売上と売掛金のように密接に関連する勘定科目同士も存在し，その場合は同一の担当者が行うこともあります）。被監査会社から各勘定科目の明細を入手し，それらに対し各監査手続を実施することで，監査証拠を入手します。現預金勘定を題材とした勘定科目ごとの監査手続例は【図表９】のとおりです。

現状，このような一連の手続は，資料の依頼段階からすべて公認会計士が実施するか，もしくは手続の一部について専門的な判断が不要な作業を公認会計士以外のスタッフが担当し，必要に応じて作業内容を公認会計士がレビューしますが，その割合は高くありません。

【図表9】 現状の勘定科目ごとの監査手続（例：現預金勘定）

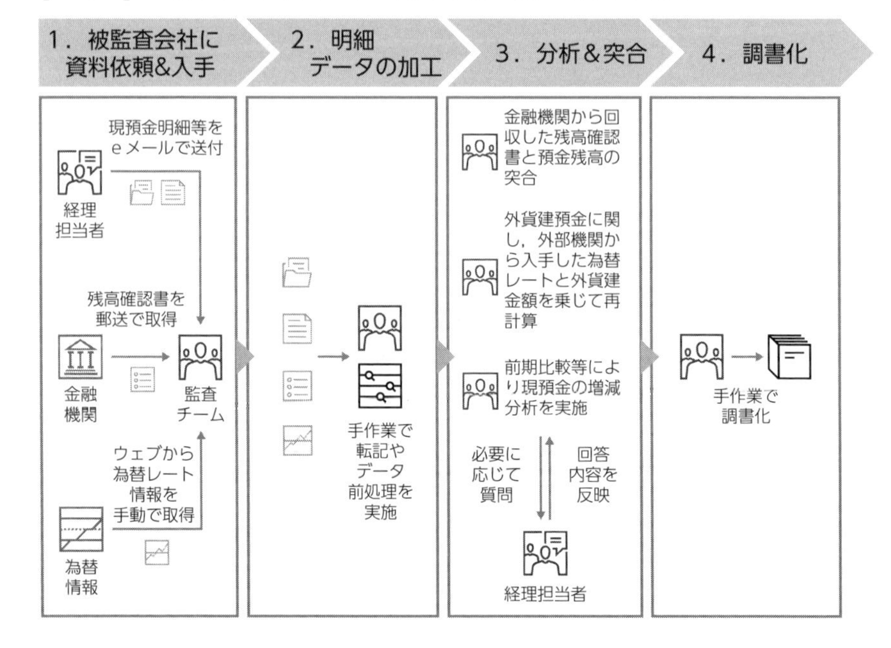

AI化が進んだ事例は【図表10】です。被監査会社への依頼資料は，監査プラットフォームに集約され，被監査会社から資料がアップロードされると，紙資料についてはAIがOCR[1]でデジタル化し，デジタル化されたすべてのデータを標準化した後，AI分析ツール等に投入されます。現預金勘定では主に金融機関への確認手続が重要となりますが，それらの情報も金融機関から自動取得し，回答結果を照合します。AI分析ツール等により異常な結果が出力された場合，必要に応じて被監査会社に質問し，その回答内容を反映させます。以上により入手した監査証拠は自動で監査調書に文書化され，監査人がレビューを行います。

1 OCR（Optical Character Recognition：光学文字認識）とは，手書きの文字や印刷された文字を画像データとして読み取り，文字を認識してテキストデータへ変換する技術のことをいいます。テキストデータ化することでコンピュータが文字情報を扱いやすくなります。

【図表10】　AIが適用された場合の勘定科目ごとの監査手続（例：現預金勘定）

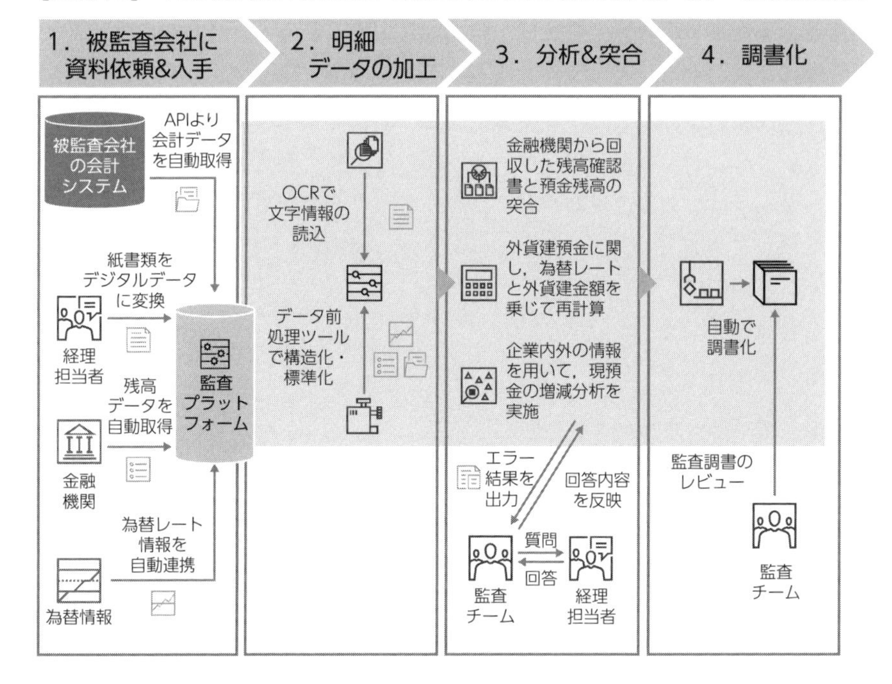

⑶　勘定科目ごとの監査手続AI化の割合

前項で説明した勘定科目ごとの監査手続のAI化が，各勘定科目でどの程度進むかを表したものが【図表11】です。

「AI導入の阻害要因」として，「経営者の恣意性の介入」，「物理的な現物の存在」，「被監査会社のビジネス形態による影響度合」といった3つの要因を設定しました。「経営者の恣意性の介入」は，会計上の見積り等，経営者の主観性や恣意性を反映する余地がある勘定科目かどうか，「物理的な現物の存在」は，商品・製品や工場の建物，機械装置といった監査上検証が必要な現物が存在するかどうか，「被監査会社のビジネス形態による影響度合」は，売上高や棚卸資産等，被監査会社のビジネス形態によって，監査上検討すべきリスクの所在が異なる可能性が高いかどうかを示したものです。これら「AI導入の阻害要因」の影響が大きいほどAI導入の難易度が高くなり，「AIの代替割合」が下がることになります。

前述で事例とした現預金勘定は，現物は存在するものの，経営者の主観性や恣意性は介入しづらく，ビジネス形態の影響も受けにくいため，「AIの代替割合」は高程度になると予想されます。一方で，棚卸資産は被監査会社のビジネスによってリスクの所在が異なり，評価損の計上等，経営者の恣意性が介入しやすい勘定科目である，現物が方々に存在するなどの理由から監査人の知見と経験に基づく判断が重要となるため，「AIの代替割合」は現預金よりも低くなっています。

勘定科目によって「AIの代替割合」は異なりますが，すべてがAIによって完結するのではなく，AIによる監査手続で入手した監査証拠の最終的な評価は監査人が行うことになります。

勘定科目ごとに想定される監査手続（監査技術）がAIの導入によって代替されることが予想される割合について，また，導入を阻害すると考えられる3つの要因として，経営者の恣意性の介入，物理的な現物の存在，被監査会社のビジネス形態による影響度合を挙げ，それぞれの要因がどの程度当てはまるかについて「低」，「中」，「高」の段階で示すと**【図表11】**のとおりです。

【図表11】　勘定科目ごとの監査手続におけるAIの代替割合

勘定科目	AIの代替割合	AI導入の阻害要因		
		経営者の恣意性の介入	物理的な現物の存在	被監査会社のビジネス形態による影響度合
現預金	高	低	中	低
売上債権	高	中	低	低
棚卸資産	低	高	高	高
固定資産	中	高	高	中
仕入債務	高	低	低	低
借入金	高	低	低	低
税金	中	高	低	低
純資産	高	低	低	低
売上高	中	高	中	高
売上原価	中	中	中	中
販管費	高	低	低	低
:	:	:	:	:
:	:	:	:	:

ところで，ビッグデータの時代におけるAIをはじめとするデジタル技術を，ビジネスの領域において活用するために重要なことはどのようなことでしょうか。とりわけ企業の経営者が果たす役割の重要性が指摘されています。

講義① デジタル時代における企業の盛衰を決めるのは技術力ではなく経営者の力量である

滋賀大学
データサイエンス学部教授兼データサイエンス教育研究センター副センター長
河本　薫

博士（工学，経済学）
1991年，京都大学大学院応用システム科学専攻修了。大阪ガス株式会社に入社。
1998年から米国ローレンスバークレー国立研究所でエネルギー消費データ分析に従事。
2011年から大阪ガスビジネスアナリシスセンター所長。
2018年４月より現職。大阪大学招聘教授を兼任。

【趣旨】

デジタル時代において日本企業が低迷している主因は，ITやデータサイエンスといった技術の不足ではありません。アナログ時代に醸成された企業体質をデジタル時代に向けて変革できないからです。日本企業の体質は「継続」と「改善」と「責任」に強い一方で，「変革」や「破壊」や「創造」には弱いです。デジタル時代とは，ビジネス環境が不連続かつ不確実になる時代であり，このような企業体質では戦えません。

しかし，企業体質とは社員の心に深く根づいたものであり，簡単に変えられるものではありません。目標設定や人事制度，組織改編，機能分離などにより，（社員の心は変わらなくても）社員の行動は変わるように仕向けなければなりません。それができるのは経営者だけです。

経営者は，デジタル技術について自分ごとと捉え，自らの頭でデジタル技術のポテンシャルを考え，ビジョンメイキングし，その実現に向けて人や組織の体質を変えるために「変革」「破壊」「創造」を起こします。そういった役割を果たさなければならないのです。

1 はじめに

2015年ぐらいから，メディアは連日のようにAIやIoTを見出しにした記事を掲載しています。経営者たちも，初めのうちは傍観姿勢だったかもしれませんが，やや誇張された他社の取組みを毎日聞かされるうちに，少しずつ焦燥感を持ち始めます。そして，社内のAIやIoTに強そうな人を呼び出しては，「5段階のお告げ」を始めます。

第1段階のお告げは「他社に負けないよう，わが社もAIで新しいことをしてくれ」。本心は半信半疑ですが，世の中の流行に乗り遅れていると思われたくない保身的発言です。

第2段階のお告げは「私にはAIは専門的すぎてわからない。わが社のAI戦略については，ITに強い君たちに任せる」。他社に負けないよう取り組まねばという意識はありながらも，自ら学んで自ら考える気概はないので，指揮権を使って丸投げしてしまう他人任せ的発言です。

第3段階のお告げは「人とカネは出すからよろしく頼むよ」。IT投資やデータサイエンティスト採用さえすれば結果はついてくると考える，手段を目的化してしまった発言です。

第4段階のお告げは「もっとすごいことを期待しているんだよ」。自らは理解できないために，AIを不思議な玉手箱のように妄想してしまう，ないものねだり的発言です。

第5段階のお告げは「（あまり波風を立てずに）うまくやってくれ」。丸投げされたAI推進部などの横串機能は事業部と衝突することが多いが，それを受け止めず逃げる，事なかれ的発言です。

あなたの会社の経営者がこれら発言の1つでもしている場合は，残念ながら，その経営者の在任中は「失われた時間」となるでしょう。なぜならば，AIやIoTは，技術課題ではなく経営課題だからです。今や，世界中の企業は，従来のビジネスモデルから脱却して，AIやIoTといったデジタル技術を活用した新たなビジネス形態へと，驚くべきスピードで進化を遂げています。3年前のビジネスモデルはすでに陳腐化しています。そんなスピード感です。上記のような経営者が6年間君臨すれば，その間に，その企業は2周遅れになってしまうのです。

日本企業の経営者に，事の重大さに気づき，また，自ら学び自ら考え，自らが率先して取り組んでほしいです。その一助になればとの思いで本稿を執筆しました。筆者の見聞に基づく限られた内容ですが，「デジタル時代においてなぜ経営者の責任が重いか」を認識してもらうことを目的に，筆者が考える経営者の役割を具体的に書いてみました。企業経営者の方々にとって失礼な表現があるかもしれません。その点は，どうか大目に見ていただきたいです。なお，本稿は，さまざまな企業の方々との交流をもとにまとめたものであり，筆者の前職時代の企業とは一切関係のない内容です。

2　デジタル経営の４段階

最近のメディアで見出しを飾るのは，AIやIoTといった言葉が多いです。それらは特定の技術分野を指すには適切かもしれませんが，経営へのインパクトを考える場合はそれらも包含した「デジタル技術」という言葉を使うほうが適切でしょう。

今や企業にとって，デジタル技術をどうビジネスに取り入れるかは社運を決める大きなお題です。デジタル技術をビジネスにどれだけ効果的・先駆的・全体的・革新的に活用していくか。デジタル技術は，技術の最先端を競う技術課題ではなく，いかにビジネスに生かすかという経営課題なのです。この側面から見た企業経営を，「デジタル経営」と呼びます。筆者は，多くの日本企業と付き合ってきた感覚で，そのレベルを４段階に分けて整理できると考えています。

- デジタル経営1.0（情報処理の効率化）
  人がやってきた情報処理をITで自動化している段階です。
  例：決済システム，顧客管理システム，POSシステムの導入
- デジタル経営2.0（業務改善）
  現状の業務プロセスの枠内で，データと分析力による業務改善を図る段階です。
  例：顧客ターゲティング，故障予知による予防保全，画像判別による検品

- デジタル経営3.0（業務プロセスの改革）

これまでの組織別や担当者別に細分化された個別最適な仕事のやり方を，デジタル技術により可能になる全体統合な仕事のやり方に抜本改革する段階です。

例：サプライチェーンとトレーディングの一体化，e-コマースと店舗販売の一体化

- デジタル経営4.0（ビジネスモデルの変革）

デジタル技術が及ぼすゲームチェンジを先読みして，ビジネスモデルを変革している段階です。

例：建機メーカーによる土木工事サービスプラットフォーム，倉庫会社による倉庫保管サービスプラットフォーム，自動車会社による愛車サブスクリプションサービス

3 デジタル経営の進化を阻む壁は，技術ではなく社員の心にある

残念ながら，日本企業の多くは，デジタル経営1.5あたりにとどまっています。デジタル経営4.0に相当する取組みをやっている企業でも，2.0や3.0に相当する取組みは立ち遅れている場合も多いです。

新聞や雑誌の記事に「ディープラーニング」など最先端のテクニカルワードを見出すと，読者の多くは「すごいことをやっている！」という思いになるのではないでしょうか。たしかに技術的にはすごいことかもしれません。でも，その用途が，画像判別による検品自動化や音声認識によるコールセンター効率化ならば，技術的には最先端かもしれませんが，経営的にはデジタル経営2.0にすぎません。

なぜ，日本企業は，2.0から3.0そして4.0へと脱皮できないのでしょうか。多くの企業人は，デジタル経営の進化を阻む壁は，AIやIoTといった技術力の不足にあると考えています。しかし，本当にそうでしょうか。少し飛躍する例になりますが，ライドシェアリングやホームシェアリング（いわゆる民泊）を提供するゲームチェンジャーは，他社にないデジタル技術を持っていたのでしょうか。今の時代は，ディープラーニングのライブラリーをはじめ多様なデジタル技術はパブリックユースできます。API経由で他社のサービスを活用することもできます。自前の技術力で勝負するのではなく，他者の技術を組み合わせ

て使う時代なのです。

では，日本企業は革新的なビジネスモデルを発想し設計することが苦手だからでしょうか。たしかに，ここは少しあるでしょう。しかし，足元の状況を見ていると，デザインシンキングは少しずつ浸透しつつあり，外部からプロを招聘してビジネスモデルを検討する企業や若手を中心に新たなビジネスモデルを考えるコンテストを催す企業も出始めています。もちろん，まだまだなところはありますが，筆者は，仮に革新的なビジネスモデルを発想し設計できたとしても，日本企業はうまくいかないだろうと思っています。

デジタル経営1.0→2.0→3.0→4.0への進化を阻む壁の本当の正体は，デジタル技術の不足ではありません。新たな業務プロセスやビジネスモデルを考案する力の欠如でもありません。現状から変わろうとしない人の心にあると思っています。

縦割り組織で部分最適化を是とする体制と職責権限，説明責任を徹底的に求める企業カルチャー。社員１人ひとり，長年引き継がれてきた業務を絶対視し，そこに自らの存在意義を見出し，それを遂行することに責任と達成感を覚えます。長年変わらぬビジネスモデルの中で，これらの企業体質は日本企業の中に「普遍的になるほど」定着されてきました。しかし，デジタル技術の時代は，このような企業体質は革新の壁になります。縦割り体質はデジタル技術が得意な全体最適化を阻むだろうし，過剰な説明責任はAIの活用を阻むでしょう。なにより，現状の仕事のやり方を絶対視する社風においては，デジタル技術による業務プロセスやビジネスモデルの変革を妨げるでしょう。

このような企業体質においてデジタル技術による革新を進めようとすると，現場担当者から経営者まで心理的に大きな葛藤を感じるでしょう。デジタル経営1.0では，仕事の型はそのまま便利になるだけなので，葛藤は生じません。デジタル経営2.0では，現場担当者の心に葛藤が生じます。すなわち，長年培ってきた勘と経験を否定してデジタル技術を活用するやり方に変える葛藤です。デジタル経営3.0では現場からミドル層の心に葛藤が生じます。組織長は自らの組織の領土と利益を広げるために戦ってきたのに，全社で業務プロセスが統合されると，組織長としての権限領域が曖昧になってしまいます。部分最適から全体最適に変える葛藤です。デジタル経営4.0では経営者の心に葛藤が生じます。大企業の多くの経営者は，従来のビジネスモデルの中でのサラリーマンレースの勝者であり，既存ビジネスモデルへの愛着がそれへの固執となります。従来のビジネスモデルを破壊して新たなビジネスモデルを創造する葛藤です。

4　デジタル経営の核心は，経営者が企業の体質改善に乗り出すことである

データプラットフォームに巨額の投資をしても，データサイエンティストを採用しても，また，著名な経営コンサルタントにデジタルビジネス戦略を描いてもらっても，それだけでは企業のデジタル経営は進化しません。前述のとおり，進化を阻む壁は「人の変わりたくない心」にあり，その集合体がなす企業体質にあるからです。人の心を変えることは非常に難しいといえます。

現実的には，まずは，何らかの強制力やインセンティブを与えながら，これまでと違う行動を社員に促していくしかないでしょう。そのためには，組織体制や業績目標指標，人事制度といった企業経営の根幹をなす制度を改変しなければなりません。それができるのは，まさに経営者だけです。

以下では，デジタル経営の各ステージに進化するために，具体的にどのような制度設計を検討すればよいか，筆者の拙いアイデアを述べます。

(1)　デジタル経営2.0に向けた制度設計

このステージのキープレーヤーは，現場担当者とデータサイエンティストです。前職時代に何度も経験してきましたが，データサイエンティストが効果的なソリューションを提供しても，現場担当者は「従来の勘と経験に頼った仕事のやり方」に固執します。一方，データサイエンティストは，ソリューションを作るまでが自分の仕事と割り切り，現場担当者に導入を促すことまではしません。その結果，せっかくのソリューションは使われないままお蔵入りになります。

この状況を打破するために経営者がなすべきことは，まずは，現場担当者に対する，勘と経験の仕事のやり方からデータドリブンな仕事のやり方に改変するインセンティブ設計です。事業部長に指示して事業部単年度計画に従来のや

り方の延長上では達成できないような高い目標を掲げさせる，データ活用による業務改変を明示させる，自らの業務のやり方をデータドリブンな仕事のやり方に変えた担当者を社長表彰するなどが挙げられます。次に，データサイエンティストに対しては，「解く」だけでなく「導入する」ところまでを業務範囲とする人事設計を行います。専門職としてデータサイエンティストを配する場合には，その人事考課において「解く」だけでなく「導入する」を重点項目とします。このように経営者は事業部計画や人事設計に介入することで，デジタル経営2.0を遮る企業体質を改変していけるのです。

⑵　デジタル経営3.0に向けた制度設計

このステージでは，個別最適目標と全体最適目標が合致しないところに軋轢が生じます。たとえば，物流機能も保有する卸売事業者を考えましょう。この事業者には，売買値差で儲けるトレーディングという側面と，予定どおりの物流を実現するサプライチェーンという側面があります。これまでは，サプライチェーン組織では，できる限り少ない倉庫やトラックでまわすことでコスト低減に努めてきました。その結果，コストダウンは図れるが，物流の自由度が小さくトレーディングによる収益機会を逸してきたかもしれません。トレーディングとサプライチェーンを統合して全体利益の拡大を目指すならば，サプライチェーン組織は，サプライチェーンのコストダウンという目標と，トレーディング組織と一体化した収益最大化という目標の相異なる２つの目標に直面して混乱と軋轢を生みます。

この状況を打破するために経営者がなすべきことは，個別最適な目標を明示的に撤回し，全体最適につながる新たな組織目標を設計することです。サッカーにたとえれば，アシストポイントという指標を新たに導入するイメージです。この設計にこそ，成否がかかっています。

⑶　デジタル経営4.0に向けた制度設計

このステージでは，既存ビジネスモデルを毀損することが多いため，新たなビジネスモデルへ舵を切ることに躊躇します。たとえば，ホテル会社にとって，新たな民泊サービスを始めることは既存のホテルビジネスを毀損するため，経営者は躊躇します。また，自動車会社がカーシェア型ビジネスを始めることは，マイカー保有を減らすことにつながり，自動車販売ビジネスを毀損するため，経営者は躊躇します。

このケースでは，葛藤は経営者自身の心の中にあるため，経営者自身による解決は難しいです。人の心はそう変わらないものです。この状況を打破するために経営者がなすべきことは，自らがなすことは難しいと認識し，別会社を作って，親会社とのしがらみを意識することなく自由にやらせることであると筆者は思います。

5 まとめ

デジタル時代における企業の盛衰を決めるのは，技術力よりもむしろ，企業体質の変革です。「普遍性」を貴ぶ企業体質から，「変革性」を貴ぶ企業体質に変えていかなければなりません。しかし，社員の心はそう簡単には変わりません。目標設定や人事制度，組織改編，機能分離などにより，（社員の心は変わらなくとも）社員の行動を変えるように仕向けなければなりません。それができるのは経営者だけです。

経営者は，デジタル技術について自分ごとと捉え，自らの頭でデジタル技術のポテンシャルを考え，ビジョンメイキングし，その実現に向けて人や組織の体質を変えるために上記のような行動を起こします。そういった姿勢を持たなければ，その企業は表面的に難しいデジタル技術を使っていても，経営的には何ら進歩しません。特に，非オーナー企業の経営者におかれては，在任期間の短さゆえの近視眼と，過去の成功体験に基づく現状維持志向は，不確実かつ不連続なデジタル時代に会社を変えていく力を損なうことに注意が必要です。本稿を読んで，企業経営者の方々の行動を少しでも喚起できれば，筆者として望外の喜びです。

2.2　棚卸立会～棚卸資産の監査手続・監査技術

(1)　棚卸資産に関するアサーション（経営者の主張）

棚卸資産（商品・製品・原材料・仕掛品など）を有する会社は，事業年度末に倉庫などに保管されている棚卸資産の数量を数え，帳簿の記録と一致しているかどうかを確認しています。この作業を実地棚卸といいます。

経営者は通常，財務諸表の作成の基礎とするため，および該当する場合には企業の棚卸資産の継続記録の信頼性を確保するため，少なくとも年に一度実施する棚卸資産の実地棚卸の手続を策定しています。これは内部統制の一環として行われているものです。

(2)　棚卸資産の監査手続

監査人は，棚卸資産が財務諸表において重要である場合には，以下の手続によって，棚卸資産の実在性と状態について十分かつ適切な監査証拠を入手しなければならないとされています。

①　監査手続

棚卸資産の監査手続は以下の２つからなります。

1．実務的に不可能でない限り，以下の目的で，実地棚卸の立会を実施すること
2．企業の最終的な在庫記録が実際の実地棚卸結果を正確に反映しているかどうかを判断するために，当該記録に対して監査手続を実施すること

１の実地棚卸の立会には，以下の手続があり，監査人のリスク評価の結果および計画したアプローチならびに実施した特定の手続にもよりますが，内部統制の運用評価手続や実証手続として利用されます。

- 棚卸資産の実在性を確かめ，かつ，状態を評価するために棚卸資産を実査し，テスト・カウントを実施すること
- 実地棚卸結果を記録して管理するために，経営者が定めた指示と手続の実施に関する遵守状況を観察すること
- 実施されている棚卸手続の信頼性に関する監査証拠を入手すること

伝統的な棚卸資産に対する監査手続においては，監査人自ら監査対象企業の事業所に往査し，棚卸資産を測量してその数量を計算することとなります。棚卸資産の実在性や状態について十分かつ適切な監査証拠を入手しなければなりません。財務諸表に計上されている金額の正確性を確かめるために重要な手続です。

②　実地棚卸の立会の目的

実地棚卸に立ち会う目的は以下を行うことにあります。

- 経営者による指示と手続に対する評価
- 実施されている棚卸手続の実施状況の観察
- 棚卸資産の実査
- テスト・カウントの実施

③　実地棚卸の立会を計画する際の検討事項の例

立会を計画する際に，たとえば以下の事項が検討されるものとされます。

- 棚卸資産に関係する重要な虚偽表示リスク
- 棚卸資産に対する内部統制の内容
- 実地棚卸に対する十分な手続の策定および適切な指示書の発行
- 実地棚卸の実施時期
- 企業による棚卸資産の継続記録の有無
- 棚卸資産が保管されている事業所
- 専門家の業務を利用する必要性

次世代の監査業務における立会では，ITチップを利用したデータの利用や，遠隔からの視察が予測されています。

【図表12】 立会・視察

現 在	将 来	効 果
監査人が実地棚卸日に物流倉庫を訪問し，サンプルとして選んだ在庫についてデータと実物の数量を照合する。	IoTを利用して取引データとICチップを付けた在庫の移動をリアルタイムに連携し，そのデータを分析する。 海外工場や建設中の建造物（仕掛品）の視察をリモートで実施する。	架空売上等の発見確率が上昇する。 物理的な距離によって実施が限定的であった海外視察機会の増加により，監査手続の品質が向上する。

〈参考文献〉
- 日本公認会計士協会　監査基準委員会報告書第501号「特定項目の監査証拠」
- 同　リモートワーク対応第2号「リモート棚卸立会の留意事項」

⑶ テクノロジーの利活用の可能性：ドローンを活用した棚卸資産に対する監査手続の例

監査の質と効率性をさらに向上させるために，監査事務所は監査プロセスを変革できるテクノロジーの活用を進めています。その取組みの1つとして，棚卸資産に対する監査手続にドローンを活用する施策があります。

たとえば，監査対象資産の測量にドローンを利用し，当該資産の画像を撮影することが考えられます。この画像をもとに「デジタルツイン」（注：リアル（物理）空間にある情報をIoTなどで集め，送信されたデータをもとにサイバー（仮想）空間でリアル空間を再現する技術）を作成し，資産の体積を計算するというものです。

これは「写真測量法」と呼ばれる方法であり，ドローンにより撮影された測定画像をもとに作成されます。複数の写真に共通する点がどれだけあるかを比較することにより，画像を結合・比較するものです。ドローンが撮影した画像により生成されたデジタルツインについて，監査事務所の保有するアプリケーション（注：棚卸資産に関するデータの調査に役立つ視覚化ツール）を介してチェックが行われ，監査手続に役立てられることとなります。

ただし，監査証拠として利用する情報の信頼性，ひいては監査証拠自体の証明力は，情報源および情報の種類，ならびに関連する場合には情報の作成と管理に関する内部統制を含む情報を入手する状況によって影響されます。また，一般に，原本により提供された監査証拠は，デジタル化等により電子的媒体に変換された文書によって提供された監査証拠よりも証明力が強いとされています。

このため，監査人は，ビデオカメラやドローン等により提供される実況映像に基づきリモート棚卸立会を行う場合にも，監査証拠がデジタル化等により変換されて提供されていることに留意し，直接的な実地棚卸の立会を実施する場合とは監査証拠の証明力が異なることおよびデジタル化に伴う監査リスク（発見リスク）が生じることを勘案し，立会対象事業所における棚卸資産に関して識別された重要な虚偽表示リスクを許容可能な低い水準に抑えることができるかどうかを検討し，その根拠を監査調書に記載することが必要とされています。

⑷　テクノロジーの利活用へ向けたさらなる挑戦：ドローン活用の応用範囲と課題

棚卸資産の監査においてドローンを活用するという方法は，ドローンが幅広い業種で活用できるようになるまで，まずは鉱業や農業，林業など，アクセスが困難な地域に大規模な資産を保有する企業において，提供していくことが考えられます。

ドローンの活用は監査対象となる業界が幅広いところ，監査の質を向上させるための数あるテクノロジーの活用方法のうちの１つにすぎません。しかし，新しいテクノロジーを最大限に活用するためには，得られるデータについて正しく理解し，活用することができる能力が不可欠です。監査事務所は，監査の質を常に向上させるため，それにふさわしい人材を採用することに加えて，新たなテクノロジーについての研修にも取り組むことが必要となります。

⑸　テクノロジーの利活用の実例：ドローン活用の事例

［ケーススタディ］

Ａ社が製造・管理するドローンが，欧州最大のエネルギー会社であるＢ社が所有する，英国南ウェールズにある石炭火力発電所において，貯蔵された石炭の画像300枚以上を撮影するのに使われました。

それらの画像をもとに，石炭パイルの貯蔵地の「デジタルツイン」を作成して測量を行いました。その結果，石炭の体積を，実測値比99％以上の正確性で計算することができました。

ドローンが撮影した画像から生成された石炭パイルのデジタルツインは，監査事務所国においてオリジナルのアプリケーションを介してチェックされ，監査に役立てられます。

このケースでは，人が石炭の山に登って行う従来の方法では４時間前後かかっていた測量を，ドローンを使用して30分で完了することができました。これにより，85％の時間短縮につながりました。

【図表13】　石炭火力発電所の空撮写真

（出典）　PwC UKプレスリリース（2019年１月３日）
https://www.pwc.co.uk/press-room/press-releases/pwc-first-stock-count-audit-drones.html

【図表14】 石炭パイルの貯蔵地の１つの「デジタルツイン」

（出典） PwC UKプレスリリース（2019年１月３日）
https://www.pwc.co.uk/press-room/press-releases/pwc-first-stock-count-audit-drones.html

【図表15】 ドローンによって撮影した画像は，写真測量法を使用して処理される

（出典） PwC UKプレスリリース（2019年１月３日）
https://www.pwc.co.uk/press-room/press-releases/pwc-first-stock-count-audit-drones.html

ここで活用されているドローンが撮影した画像から石炭パイルのデジタルツインを生成するために使われている技術として，画像処理に基づく実世界センシング（注：さまざまなセンサから得られた実世界情報を人工知能技術などの利用により分析し，実世界で起こっている現象を認識・理解する研究領域）があります。これにより，実世界情報のデータ化と活用が可能となります。

⑹　Tea Break

棚卸資産はさまざまな場所に保管されています。たとえば，食材であればマイナス30度の倉庫の中を歩き回ったり，石油であればタンクの上に乗って確認したり，棚卸立会は，体力も気力も必要な手続であると監査担当者の間では言われてきました。また，立会は決算日を念頭に置いて実施される必要がありますが，往査先となる事業所は遠隔地となることも少なくありません。このため，極めて限られた監査日程の中で被監査会社との難しい日程調整を迫られてきたことがありました。

ドローンを活用することにより監査人，およびこれに対応する企業担当者におけるこうした肉体的，精神的な負担が軽減されることが可能となります。

ドローンを活用した監査手続においては，画像認識に関わる新しい情報技術が用いられています。画像認識の領域は，ディープラーニングの登場によりその性能が著しく向上したとされ，注目されています。

講義② 実世界情報のデータ化と活用：画像処理に基づく実世界センシングとその応用

滋賀大学データサイエンス学部 教授
佐藤 智和

1999年３月 大阪府立大学工学部情報工学科卒業
2001年３月 奈良先端科学技術大学院大学情報科学研究科博士前期課程修了（工学修士）
2003年３月 奈良先端科学技術大学院大学情報科学研究科博士後期課程修了（工学博士）
2003年４月 奈良先端科学技術大学院大学情報科学研究科 助手
2007年４月 奈良先端科学技術大学院大学情報科学研究科 助教
2010年３月 チェコ工科大学CMP 客員研究員（奈良先端大から派遣。2011年３月帰国）
2011年５月 奈良先端科学技術大学院大学情報科学研究科 准教授
2018年１月 滋賀大学データサイエンス学部 教授

1 はじめに

デジタルカメラで撮影した画像をコンピュータで解析することで，実世界のさまざまな情報のデータ化・活用を図る「コンピュータビジョン」と呼ばれる分野の研究が急速に進展し，身近な分野での活用が始まっています。たとえば，最新のスマートフォンには指紋・顔認証，シーン中の文字の自動翻訳，拡張現実（AR）型三次元メジャーなど，コンピュータビジョン技術を活用した新機能が続々と搭載されています。また，安全運転支援や自動運転，防犯カメラ画像の自動分析など，私たちの安全に関わる領域においても，コンピュータビジョンは重要な役割を果たし始めています。

本稿では，このようなコンピュータビジョンの基礎から，近年注目されているディープラーニングをはじめとするAI・ビッグデータおよびデータサイエンスとの関係，さらにはコンピュータビジョンによって抽出される実世界データの活用を主眼とした研究まで幅広く紹介します。コンピュータビジョンはタスクの自動化や実世界情報の抽出・可視化に応用できることから，今後さまざまな企業で利活用されることが確実であり，会計や監査の専門家がビッグデータ時代を生き抜くために必須の素養となると考えられます。

2　コンピュータビジョンとデータサイエンス

人間が実世界情報の多くを視覚から得ていることからもわかるように，デジタル画像から抽出できる情報は膨大であり，かつ，人間が視覚で認識できる情報の大半は画像解析によって抽出できると考えられています。たとえば，画像を解析することで，目の前に広がるシーンの三次元構造に始まり，画像に映っている物体の種類・色・形状や人物の表情・年齢の推定，さらには，その画像の内容を説明する短文を自動生成することまでもがコンピュータビジョンによって実現されています。また，デジタルカメラは距離センサ・位置センサ（GPS）などの特定の情報を計測する専用センサとは異なり，安価にさまざまな情報を抽出できる究極の汎用センサであることから，カメラをセンサとして用いる応用事例が増加しています。

【図表A】に示すように，画像を入力として多様な機能を実現するコンピュータビジョンは，大きく2つに分類することができます。1つは画像を解析し，情報を数値データとして抽出する画像解析，もう1つは画像解析によって得られる数値データを活用して新たな画像を合成し，出力する画像合成です。

【図表A】　コンピュータビジョンの入出力と応用例

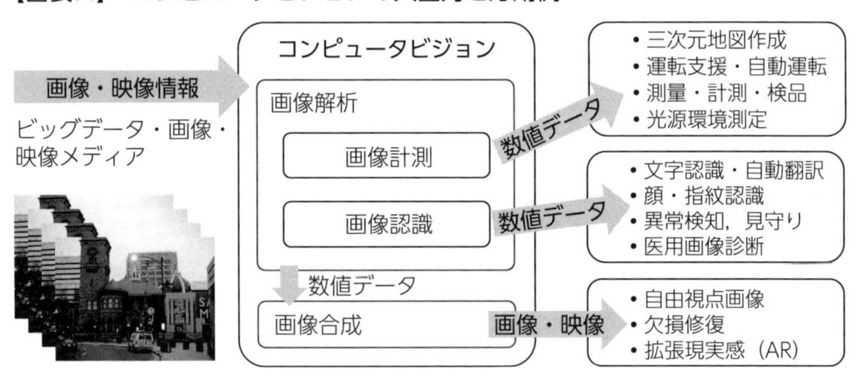

このうち，画像解析はさらに2つに分類されます。1つは，実世界を記述する数理モデルを裏づけとしながら，画像から計測対象の三次元的な幾何学情報

（位置・大きさ・向きなど）や光学的な情報（明るさ・質感など）を計測する画像計測，もう１つは，画像に撮影された物体の詳細情報（物体の種類・属性など）を推定しようとする画像認識です。画像解析を用いることで，さまざまな実世界情報を自動抽出することができますが，データサイエンスにおいてはこれら数値化された情報をさらに解析することで，同図中に示す応用を含む多様な分野での活用が可能となります。

他方，画像合成では，画像解析によって得られる数値データを用いて入力された画像を加工することで，画像・映像を直接出力します。このような方法を用いれば，情報をわかりやすく可視化したり，もとの画像の価値をさらに高めたりすることが可能となります。

3　コンピュータビジョンの進化

コンピュータビジョン分野では，その黎明期である1960年代から2000年代前半までにおいて，照明条件や計測物体の位置などの撮影条件がコントロールされた環境下での撮影対象の自動認識や三次元計測が実現されてきました。

たとえば，はがき・封書に記載された郵便番号の自動読み取り装置や工場における製品の自動検品システムが代表例であり，これらの応用では，撮影条件を容易に固定・コントロールできるため比較的単純なアルゴリズムでも精度よくデータを抽出でき，古くから実用化されてきました。しかし，コントロールが難しい一般的な環境，特に屋外環境においては，照明条件が変動することや計測対象以外の物体が画像内に撮影されることから，単純なアルゴリズムでシーンを認識することは難しく，一般環境下での画像計測・画像認識は長く実用化されていませんでした。

しかし，近年の計算機の高性能化とカメラ内蔵スマートフォンやドライブレコーダをはじめとするカメラ機器の爆発的な普及により，一般的な環境下においても，これらの技術が実用化できる手法が開発され始めました。画像計測においては，複雑なアルゴリズムを計算機上で動作させることが可能となり，多数の画像を一度に解析することで，数枚の画像のみの解析では得られない高精度な計測が可能となっています。また，画像認識においては，数万枚から数百万枚に及ぶ大量の画像ビッグデータを事例として効果的に学習を行うディープラーニングが開発されたことで認識性能が飛躍的に高まり，実用化フェーズに至りました。また，これらの結果を活用することで，画像合成の性能も著しく向上しています。以下では，これら個々の技術について掘り下げます。

4　画像解析技術

(1)　画像計測

画像はレンズを通して三次元の世界を撮影したものですが，画像の撮影では三次元世界が二次元世界に変換されています。この撮影の過程では，カメラから物体までの距離に相当する一次元分の情報が失われてしまっています。このことから，１枚の画像から撮影されている物体までの距離を復元することは本質的に困難であるといえます。では，人間は見ているものまでの距離をどのように推測しているのでしょうか。これにはいくつかの方法が複合的に用いられています。１つ目は両眼視差です。人間は左右の目が少し離れた位置にあることで，注視している物体の見え方が右目と左目で微妙に異なります。特に，近くにあるものはその差が顕著となり，これによって近くにあるように感じられます。２つ目は運動視差です。たとえば，移動している電車の車窓から景色を眺める時，近くの建物と遠くの建物・景色では，目の前を流れていく見かけの速度が違います。このような運動によって生じる見かけの速度から，見ているものまでの距離を推測することができます。３つ目は事前知識です。たとえば，人間は車のおおよその大きさを知っていますから，車が小さく見えれば遠くに，大きく見えれば近くに，また，どの程度離れているのかをある程度推測できます。

これらのうち，３つ目に挙げた事前知識に基づく方法は，比較的間違えやすいことが知られています。たとえば，【図表Ｂ】では，左側の人物が小さく感じられますが，これは錯覚です。人間はこれまでの経験から，部屋が直方体であると信じてシーンを見ます。しかし，実際にはこの写真に写る部屋は直方体ではなく，左側が奥まで広がった形状になっています。このため奥に立つ左側

【図表B】 事前知識から生じる錯覚の例

の人は当然見かけ上は小さく見えるのですが，部屋が直方体であるという仮定があると，左右の人物は観測地点から同じくらい離れた位置に立っていると錯覚し，このように誤った認識結果となります。このことから，画像計測の分野においては，これまで人間の両眼視差を模したステレオビジョンと運動視差を利用したモーションステレオの2つが主に活用されてきました。

これらを用いることで，たとえば【図表C】に示すように，動画像の解析からシーンの三次元構造やカメラの動きを推定することができます。このような技術は，近年の車載カメラを使った安全運転支援システムや自動運転システムに活用されています。

なお，機械学習によってあらかじめ学習を行うことでシーン構造を推定しようとする研究も実施されていますが，人間の認識と同様に認識の誤りが生じる

【図表C】 動画像を対象とした三次元復元の例

入力動画像

画像上の特徴点（×印）

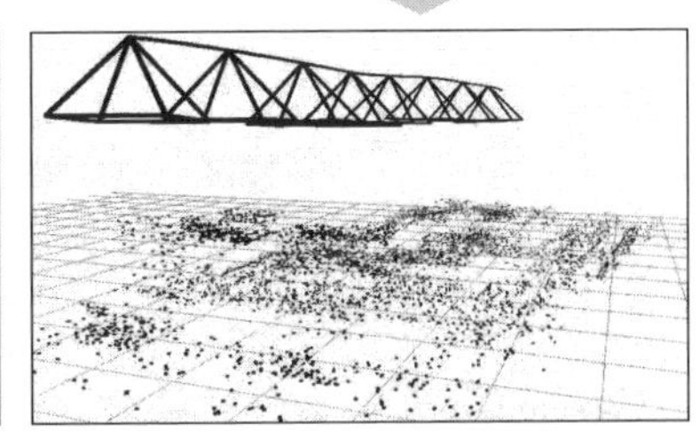

復元された三次元情報

危険性があるため，安全に関わる応用分野であるほど慎重に研究・活用すべき技術であるとも言えます。

⑵　画像認識

画像認識は，認識対象となる物体を撮影した多数の画像群を使ってコンピュータに学習をさせておき，新たに撮影された画像に映る物体が何であるのかを識別する技術です。従来の認識手法では，そのまま画像を学習させることが難しいため，まず画像から特徴を抽出し，それを学習・分類する二段階構造での認識方法が主流となっていました。これに対して，近年注目されているディープラーニングでは，多層構造のニューラルネットワークに数万枚単位の画像ビッグデータを直接入力して学習させることで，特徴の抽出から分類までを１つのディープネットワークで実現することができるようになりました。これによって，入力した画像を識別するために必要な特徴の抽出・分類方法が自動で学習されるようになり，画像認識の性能が著しく向上しました。ここ数年は人間の認識性能を超える画像認識が実現し，さまざまな分野で活用されるようになったことから，現在のAIブームの牽引役ともなっています。

ただし，現在の画像認識技術にも課題は残されています。最も大きな課題は学習させたシーン以外への適用が難しい場合が多い（汎化性能が低い）ことです。現時点においては，出力の種類やターゲットとなるシーンの設定ごとに多くの画像を学習させる必要があり，データをどのように収集するかが課題とされています。また，データの学習には正解値が必要であり，これを作成することにもコストがかかります。加えて，前節で挙げたように，事前の想定とは異なる状況下では誤った結果を出力することがあるため，実応用においてはこのような誤った出力があることを前提にシステムを構築する必要があります。

5　画像合成技術

画像計測・画像認識によって得られた数値データはすでにさまざまな分野で利用されていますが，それらの数値データを利用して画像合成を行うことで，画像の利用価値を高める方法が開発されています。たとえば，**【図表D】**では画像解析によって得られる三次元構造を活用することで，パノラマ画像上の人物を自動消去し，なおかつ撮影時に死角となっていた同図下部の画像の欠損領域を復元しています。また，画像計測で推定されるカメラの位置・姿勢を使った拡張現実感（AR）システムなども画像合成分野の応用例として実用化されつつあります。

【図表D】　パノラマ画像上に写る人物の自動消去と欠損領域の修復

(a) 入力映像の１フレーム

(b) 画像処理結果

6　コンピュータビジョンとAIの今後

ディープラーニングの登場により画像認識分野の著しい性能向上が達成されたことで，学習型AIとしての画像認識がとりわけ注目されていますが，現時点における人工知能は入力されたデータの意味を「理解」しておらず，反射的に解を出力しています。これにより，単純作業のようなものは自動化されていくと考えられますが，まだ人間の理解・認識機能を模倣する真の人工知能は実現されておらず，意味理解が必要な応用分野への適用は難しいと考えられます。また，すでに広く利用されているアルゴリズムのほうが優れた解を出力する応用分野も無数にあります。このため，学習型AIが万能ではないことに注意しながら，今後の進化を見守ることが必要であると考えられます。

2.3　証憑突合～売上の監査手続・監査技術

(1)　売上に関するアサーション（経営者の主張）

売上は，当該企業の本業に関わる極めて重要な財務諸表項目であり，他の項目に比して利害関係者の注目度が高いといえます。

売上勘定における主要なアサーションとしては，当該決算期における売上を計上するための前提となる取引が現実に存在していること（実在性），金額として漏れなく計上されていること（網羅性），また，当期の計上金額が正しいこと（正確性，期間帰属）が問題となることが多いと考えられます。

(2)　売上に関する監査手続

証憑突合は実務ではVouchingとも呼ばれ，①会計帳簿記入とそれを裏づける原始記録たる証憑書類を突き合わせることにより，当該会計帳簿記入が正しく行われていることを確かめるとともに，②当該証憑書類自体の記載に瑕疵や不自然さがないかどうかを確かめる，という2つの立証目的をもつ複合技術です。

次世代における監査業務を予測すると，各種のエビデンスについてのPDFや画像データのほか，各種保存されているデータを全件入手し，自らのシステムで処理させることにより会社の会計システムのデータと全件を照合することが考えられます。

【図表16】　証憑突合

現　在	将　来	効　果
売上明細から選んだサンプルに対応する注文書や入金明細等と突合して，売上取引が適切に記録されていることを確かめる。	注文書や検収書などをデジタル化し電子ファイルに置き換えたうえで，売上明細と全件照合する。 契約書の条文を読み取り，契約書のサマリーの作成や，監査上留意すべき点の洗い出しを行う。	これまでの監査業務の中でも膨大に時間がかかっていた証憑突合の時間が大幅に短縮され，リスクの高い論点等の他の領域にリソースを注力できる。

次に，実現が比較的容易で影響が大きい証憑突合については，近年中に監査人がAI監査ツールを導入できる可能性があります。

(3)　証憑突合の適用例

売上を検証するうえでの手続の１つである証憑突合は，被監査会社の規模・複雑性によって，多いときは数百万件以上に上る売上伝票を母集団として，数百件から千件以上に及ぶサンプルをテストするケースがあります。サンプル数と同様に被監査会社の複雑性にもよりますが，サンプル１件につき，テスト対象の抽出から，テストの実施，調書作成までにおおよそ10〜20分かかると仮定します。このようなケースでは膨大な監査時間が消費されており，AIの導入効果が高い手続であるといえます。

【図表17】は，証憑突合に対してAI監査ツールを導入した場合のフロー図です。

【図表17】　AI監査ツールを用いた証憑突合のフロー図

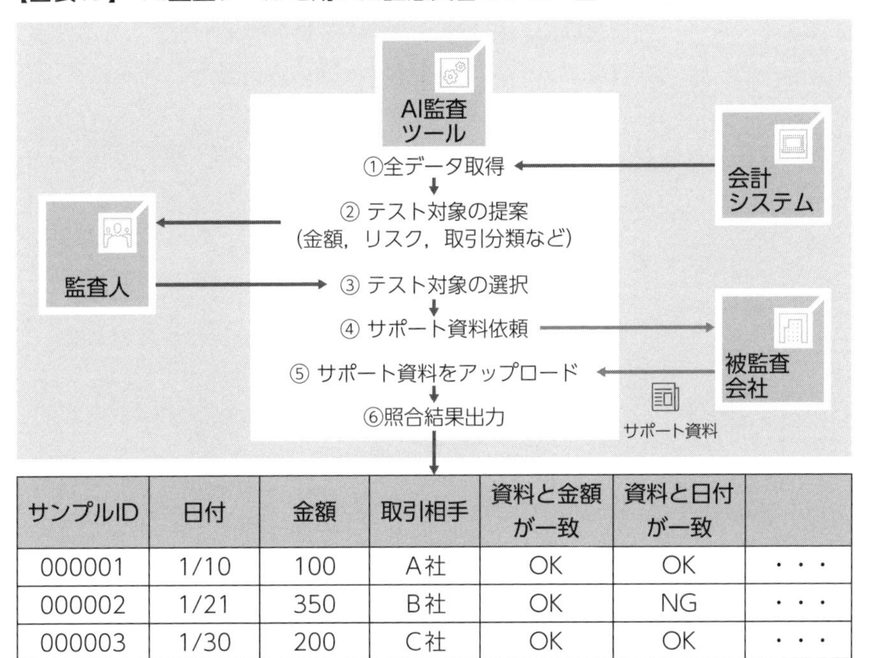

サンプルID	日付	金額	取引相手	資料と金額が一致	資料と日付が一致	
000001	1/10	100	A社	OK	OK	・・・
000002	1/21	350	B社	OK	NG	・・・
000003	1/30	200	C社	OK	OK	・・・

① AI監査ツールは会計システムから関連するすべてのデータを読み込む。
② AI監査ツールはデータの内容やリスク評価，過年度の結果に基づいて，監査人へテスト対象を提案する。
③ 監査人はAI監査ツールが提案したテスト対象を参考に独自の判断に基づいて，テスト対象を選択する。
④ AI監査ツールが被監査会社へ③で選択したテスト対象に対応する証憑のアップロードをシステム上で依頼する。
⑤ 被監査会社は証憑を準備し，電子ファイルとしてAI監査ツールへアップロードする。
⑥ AI監査ツールは証憑のフォーマットを識別して①のデータと突合しやすい形式に変換し，テスト結果を出力する。

※なお，各プロセスやテスト結果は一般的な考えを示すために簡略化している。

(4) AI監査ツール開発における課題

AI監査ツールの開発過程で，証憑データから必要な情報を抽出する精度が，証憑突合にAIを導入するにあたって主なボトルネックとなることがわかっています。

この理由としては，ほとんどの会計システムにおいてデータ抽出用のAPI（Application Programming Interface，プログラムがシステムにアクセスする規約）を開放しておらず，自動抽出が実用化されていないことがあります。APIを設置することにより，直接システム内のデータベースにアクセスさせることなく，外部から受け取った指示に応じたデータベース操作が可能となります。

次に，AI監査ツールにとってノイズとなる情報がこの精度を低下させる原因となることがあります。たとえば，証憑に含まれている社印や，被監査会社が内部統制目的で証憑へ追加した丸囲み，マーカー，チェックマーク，メモ書き，承認印などが読み取ろうとする箇所と重なっている場合，これらの情報がノイズとなります。これらを事前に除去できれば，変換精度を著しく改善できると予想されます。

また，証憑書類の様式のバリエーションが多いと精度低下の要因となりえます。たとえば，売上プロセスでは注文書の様式が得意先ごとに異なるため，この影響を受けやすいといえます。もし，手掛かりとしてテスト対象の座標情報を使って読み取る場合，各様式をAI監査ツールへ記憶させる必要があります。

座標情報以外の手掛かりを使ってデータを抽出することもできますが，事前設定を行わずにすべての証憑書類の様式へ対応するには，データ収集とさらなる研究開発が必要です。

最後の課題が，会計システムから出力したデータと証憑データとを紐づけるためのキーの抽出です。キーの抽出が失敗すれば，その証憑に係る証憑突合の手続がすべて無効となってしまうため，100％の精度が求められます。

ある会社では，売上金額，数量等が記載された特定の証憑(A)にキーが含まれておらず，別の証憑(B)を経由しなければ取引と紐づけられなかったとします。この場合，証憑(A)の紐づけ処理を証憑(B)の紐づけ後に行う必要があります。

別の会社では，キーを証憑へ直接書き込んでいました。この場合，キーとなる情報の位置を自動検出し，手書き文字を正確に読み取る必要があります。

以上より，**【図表18】**のように，1．ユーザーにとって必要な情報がAI監査

【図表18】　監査用証憑データの形式変換における課題

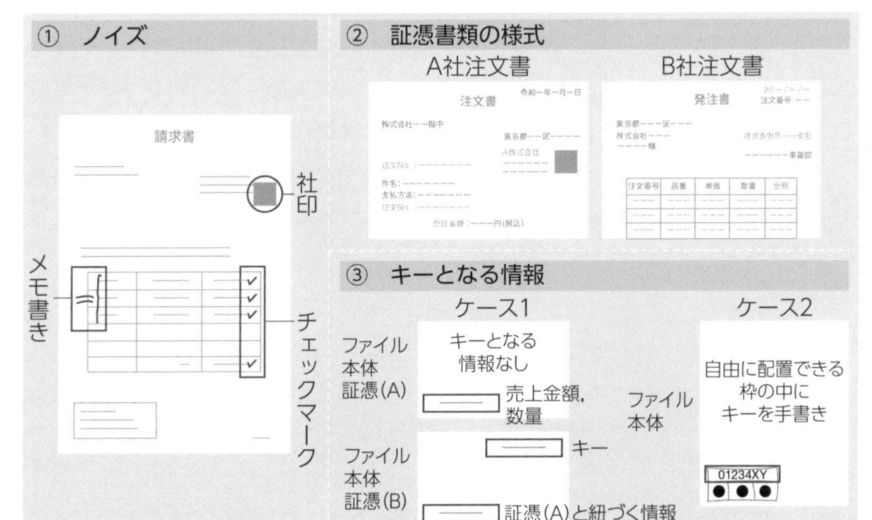

ツールにはノイズとして映ること，２．証憑書類の様式が会社ごとに多様であること，３．キーとなる情報を正確に抽出するための工夫が必要であることから，監査用証憑データの形式変換の精度がボトルネックとなっています。

(5)　証憑突合のAI監査ツールによる自動化への展望

このような課題を克服し，証憑データの変換作業をAI監査ツールに学習させて自動化するには，マニュアル作業によって学習データを用意する必要が生じます。このため，AI監査ツールが十分な精度に達するまでは，監査人がツールのテスト結果をチェックして効率的に精度を改善することが求められます。

しかし，ツールの精度が100％に近づけば，監査人はAI監査ツールに依拠することができるでしょう。被監査会社が証憑をすべて電子ファイルで保存している場合など，状況によっては全取引をAI監査ツールでテストすることで，内部統制に依拠せずとも必要な保証水準を得られるようになると予想されます。この場合，監査人はAI監査ツールが検出した項目の評価と判断を行い，ツールの調整や検出項目のフォローについては被監査会社とのコミュニケーションにより対応することになります。

将来的に，売上テストのような証憑突合では，AI監査ツールによる自動化によって，人手に依存しなくても正確なテスト結果が得られるようになります。加えて，被監査会社が古い資料や誤ったファイルなどをアップロードしてしまった場合，即時に提示されるテスト結果によってエラー結果に気づくことができ，監査人の介在なしに適切な証憑へ訂正することができます。

このように，AI監査ツールの開発過程で特定された課題を解決できれば，AI監査ツールによる証憑突合自動化は監査の変革へ大きな可能性をもたらすと考えられます。

※補論：計算突合

「突合」という名称を伴った監査技術には，証憑突合のほか，計算突合があります。計算突合とは，footing/computation，または計算調べや再計算とも一般的に呼ばれますが，会社の行った計算も監査人が再度計算することによって，当該計算の正確性を確かめる監査技術です。

さて，次世代における監査業務では，あらかじめ設定したプログラムで毎期全件について実施することも入ってくるといわれています。たとえば，被監査会社の行っている減価償却計算の全件を再実施することなどが挙げられます。全件精査のコンセプトは，従来「リスクアプローチ」を基本としてきた監査にとって，ビッグデータ時代における新しい情報技術により支えられた大きなパラダイムシフトともなります。

講義③ 統計的データ解析 ―ビッグデータから価値を見出す

滋賀大学データサイエンス学部 准教授
松井　秀俊

2009年3月　九州大学大学院数理学府博士後期課程修了（学位：機能数理学）
2009年4月　株式会社ニコンシステム
2012年4月　九州大学大学院数理学研究院 助教
2016年4月　滋賀大学データサイエンス教育研究センター 准教授
2016年10月　科学技術振興機構　さきがけ研究員（兼任）
2017年4月　滋賀大学データサイエンス学部 准教授

1　はじめに

近年の計算機の発展に伴って，より大量のデータを取得できるようになってきました。計算機のCPU（中央処理装置）処理速度，ストレージの容量，ネットワーク速度はいずれも増大し，取得できるデータの容量・速度は飛躍的に上昇しています。さらに，計測・測定機器の発展も進んでおり，データ取得の低価格化・簡素化も進んでいます。たとえば，ヒトのゲノムの解析では，初めて解析が完了した2003年では30億ドルの費用，10年以上の時間がかかっていたのに対して，現在では100ドルで，1時間もあれば解析できるようになっています。その結果として，多くの企業，自治体，大学などでさまざまなデータが取得されるようになりましたが，同時に，データの大規模化・複雑化も進んできています。そのため，これらのデータを処理・分析して新たな知見を得るための知識と技術を持った「データサイエンティスト」の需要が高まっています。

「ビッグデータ」という言葉が広く用いられるようになってから久しいですが，「ビッグ（大きい）」という言葉の捉え方は人によって異なる場合があり，単にデータのサイズを指すこともあれば，数値に限らず文字，画像，音声といったデータの多様性を指すこともあります。今回は，多様なデータの分析については触れずに，サイズが大きなデータの分析方法について考えたいと思います。

2　大規模データをどう分析するか

サイズが大きなデータについては，大きく分けて２種類あると考えています。１つは標本の個体数が多いデータ，もう１つは各個体に関する情報の種類が多いデータです。会計データを例に挙げると，前者は多くの企業に対して財務数値を調査したデータ，後者は一企業に対して財務数値を含めたその企業に関わるさまざまな種類の情報を調査したデータ，といった具合です。前者のようなデータは，近年開発されている高性能な計算機さえあれば，古典的な統計解析手法をそのまま適用することで分析ができます。データのサイズがそこまで大きくなければ，個人のパソコンでも分析できるかもしれません。

ところが，後者の，特に個体数が少なくかつ各個体の情報が多いデータは，ありふれた統計解析手法をそのまま適用することが困難な可能性があります。統計学では，個体数のことを標本サイズ，各個体の情報のことを変数，そしてその数のことを次元と呼びます。統計分析を行う際は，データの標本サイズと次元が，分析の行いやすさや分析結果の精度に大きく関わってきます。一般的に，データの次元が大きいほど，分析は行いにくくなります。

したがって，「たくさんデータを取った」といっても，標本サイズではなく変数だけを増やすと，かえって分析が大変になってしまう，ということも起こりえます。例として，特定の病気のかかりやすさに関連している遺伝子の種類を調べる問題を考えます。このとき，データを取得できる患者数は，せいぜい数十例ほどであるのに対して，遺伝子数は２万以上に及びます。つまり，標本サイズが数十，変数の数が２万次元という高次元データとなるのです。

このような背景もあり，統計学では1990年代頃から，標本サイズが小さく，かつ高次元のデータをいかに効率的に，かつ精度よく分析するかという研究が盛んになってきました。このような統計手法としては多くの種類のものが提案されていますが，今回は，その中から「スパース推定」と「関数データ解析」について，簡単に説明してみたいと思います。

3 スパース推定

いま，複数の企業について，収支のデータと，それに関わる可能性のあるさまざまな種類の情報の候補（従業員数，平均年収など。この候補は，人間が考える必要があります）のデータが計測されたとします。このとき，これらの情報と，収支との関係を統計モデルで表現する問題を考えます。このような目的を達成するための統計モデルは，古くからさまざまなものが提案されています。その中でも代表的なものを紹介します。そのために，1種類だけ数式を用います。

$$y_i = x_{i1}\beta_1 + x_{i2}\beta_2 + \cdots + x_{ip}\beta_p + \varepsilon_i \quad (i=1, \cdots, n)$$

これは，標本サイズがnのデータのうちi番目の個体について，p個の情報からなるデータ$x_{i1}, \cdots, x_{ip}$（説明変数）と，これらから影響を受けていると考えられているデータy_i（目的変数）との関係を表したもので，線形回帰モデルと呼ばれるものです。データと変数の添え字の対応については，**【図表A】**を参考にしてください。また，$\beta_1, \cdots, \beta_p$は，各説明変数が目的変数にどのくらいの強さで影響を与えているかを表す回帰係数と呼ばれるもので，ε_iは，$x_{i1}\beta_1 + x_{i2}\beta_2 + \cdots + x_{ip}\beta_p$の部分だけでは$y_i$を表せない場合に現れる誤差になります。そして，説明変数と目的変数に関するデータから，回帰係数の値を推定することで，各情報の影響の強さを定量化できるようになります。

あるいは，不正会計を行った企業と，正しく会計処理した企業のそれぞれから，会計に関する複数の情報からなるデータが得られたとき，これら複数の情報から，その企業が不正を行っているか否かを判定するという問題にも応用できます。このような問題に対しては，「企業が不正を行っているか否か」を2値の目的変数，会計情報を説明変数として，回帰モデルの1つであるロジスティック回帰モデルが用いられます。ロジスティック回帰モデルを用いることで，線形回帰モデルと同様に回帰係数から各説明変数の影響度を定量化できるほか，不正を行っている確率の推定や，不正を行っているか否かの判別ができるようになります。

しかし，実際には目的変数に関係していない情報が説明変数に含まれるなどして説明変数の数が多くなった場合，分析が難しくなったり，モデルから得られる解釈がわかりにくくなったりする可能性があります。収支や不正会計に本当に関連する情報は，取得した情報の一部かもしれません。

そこで，数ある情報の中から，収支や不正会計と関連のあるものを取捨選択することがあります。統計学ではこれを変数選択問題と呼びます。これにより，不正会計の原因を絞り込むことができると考えられます。

しかし，この変数選択も，説明変数の数pが大きいと実行が困難になってしまいます。「どの変数が重要で，どの変数が不要か」をしらみつぶしに調べようとすると，莫大な組み合わせが発生するからです。この問題を解消するための方法の1つが，スパース推定です。スパース推定は，不正会計に関連する情報を一度に取捨選択するという効果を持っています。

線形回帰モデルやロジスティック回帰モデルに含まれる回帰係数の推定には，最小二乗法や最尤法と呼ばれる方法がよく用いられますが，その代わりにスパース推定法を使うことで，回帰係数のうちいくつかをちょうど0に推定します。たとえば，説明変数の数pが3の回帰モデルに対して，スパース推定によって回帰係数を推定することで，次のような回帰モデルが得られたとしましょう。

$$y_i=0.5x_{i1}+0x_{i2}+2x_{i3}$$

このとき，2番目の説明変数x_{i2}は，y_iに影響を与えていないものと考えることができ，変数選択が行われたことになります。これは，pが大きなデータに

【図表A】　データと変数の添え字の対応

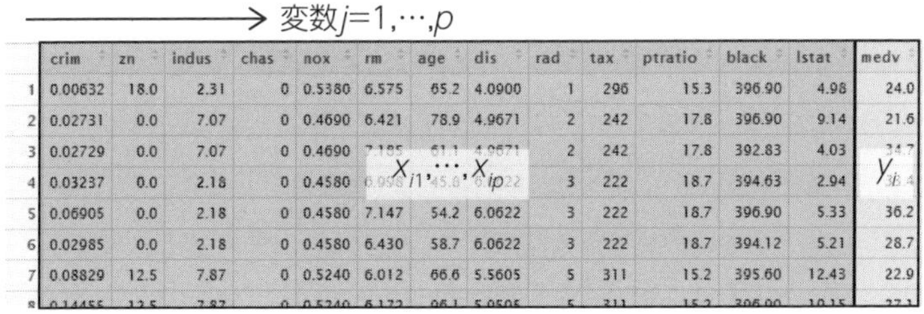

	crim	zn	indus	chas	nox	rm	age	dis	rad	tax	ptratio	black	lstat	medv
1	0.00632	18.0	2.31	0	0.5380	6.575	65.2	4.0900	1	296	15.3	396.90	4.98	24.0
2	0.02731	0.0	7.07	0	0.4690	6.421	78.9	4.9671	2	242	17.8	396.90	9.14	21.6
3	0.02729	0.0	7.07	0	0.4690	7.185	61.1	4.9671	2	242	17.8	392.83	4.03	34.7
4	0.03237	0.0	2.18	0	0.4580	6.998	45.8	6.0622	3	222	18.7	394.63	2.94	33.4
5	0.06905	0.0	2.18	0	0.4580	7.147	54.2	6.0622	3	222	18.7	396.90	5.33	36.2
6	0.02985	0.0	2.18	0	0.4580	6.430	58.7	6.0622	3	222	18.7	394.12	5.21	28.7
7	0.08829	12.5	7.87	0	0.5240	6.012	66.6	5.5605	5	311	15.2	395.60	12.43	22.9
8	0.14455	12.5	7.87	0	0.5240	6.172	96.1	5.9505	5	311	15.2	396.90	19.15	27.1

対しても一度に推定することが可能になるため，スパース推定はさまざまな場面で用いられるようになっています。スパース推定の考え方は，深層学習のアルゴリズムの重要な要素の１つにもなっており，多層のニューラルネットワークを効率的に構築するために用いられています。

4　関数データ解析

計測機器の発達による恩恵の１つに，「計測が自動で繰り返して行われる」点が挙げられると思います。これにより，震度計で計測される震度や株価の推移のような，時系列データが得られるようになります。このような形式のデータに対して，将来の時点の予測が目的の場合は，時系列解析と呼ばれる方法が用いられます。時系列解析を用いる場合は，計測される時点数を標本サイズとみなします。

これに対して，この時系列データ集合がさらに複数観測されたとき，これらのデータの関係性や特徴を捉えるという問題を考えます。たとえば，日本各地の気温の推移や，複数企業の株価の変動のデータなどが考えられます。

このようなデータを分析する場合には，次のような問題点が含まれます。まず，高頻度な時点で計測されるデータは，１つの個体に対して非常に多くの計測値が得られることになるため，高次元データになりがちです。したがって，前述のような問題が発生します。

もう１つの問題点としては，個体ごとに観測時点や観測時点数が異なる場合があるという点です。例として，複数人の患者の血液成分のデータを経時的に取得することを考えてみましょう。いくら発達した計測機器があったとしても，採血のために通院してもらわなければデータを取ることはできません。かといって，患者全員に同じ回数，同じタイミングで通院してもらうことは現実的ではなく，どうしてもデータの観測時点や観測時点数が異なってしまいます。このようなデータに対しては，古典的な統計的分析手法を直接適用することは非常に困難です。

では，このような形式のデータをどのように分析すればよいでしょうか。そのための方法の１つとして生まれたのが，関数データ解析と呼ばれる方法です。

関数データ解析は，個体１つひとつが，時間の経過などに伴い繰り返して複数の観測値を得たとき，これらを時間の関数として扱い，得られた関数化データ集合を分析対象とするものです。理論的な性質は割愛しますが，データの関数化の過程で，高次元のデータを低次元に抑えることができます。さらに，個体ごとに観測時点や観測時点数が異なっていたとしても，関数化することで容易に分析できるようになります。

【図表Ｂ】の左の散布図は，気象庁のウェブサイトから取得できる，日本のある３都市の月別平均気温を色分けして示したものです。このデータを，１つの都市を個体と考えて12次元のデータとして扱うことも可能です。しかし，気温は本来連続的に推移しているものと考えるのが自然です。したがって，各都市の気温のデータを関数化することで，右の図のような曲線群を構築します。関数化のための方法としてはさまざまなものが挙げられていますが，１つの例としては，スプラインと呼ばれる非線形関数をデータに当てはめるものがあります。これらの曲線群を改めてデータとみなして分析を進めるのが，関数データ解析です。

関数データ解析では，分析目的に応じてさまざまな種類の分析方法が提案されています。たとえば，【図表Ｂ】の気温のデータでは，曲線の変動から特徴的な気温変動のある都市を浮かび上がらせたり，世界の都市の気温の関数データから，気候区分を分類するといった分析が考えられます。あるいは，複数企業の会計情報の経時推移のデータから，不正を行っている企業の特徴を明らか

【図表Ｂ】　関数データの例（月別平均気温）

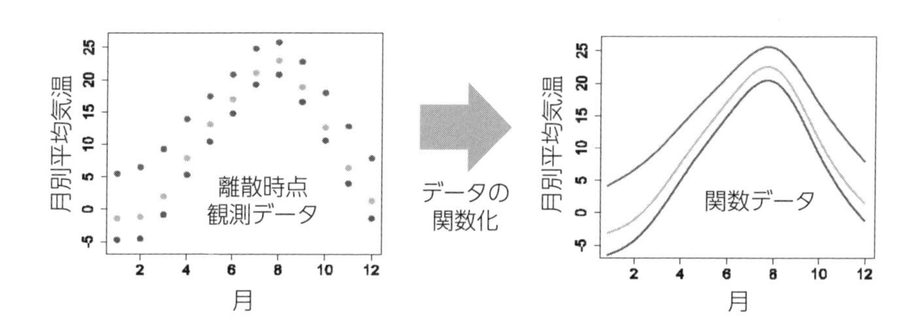

にすることができるかもしれません。また，企業の収支のデータと，収支に関わる会計情報の推移との関係を明らかにできるかもしれません。このように，関数データ解析を利用することで，古典的な統計手法では適用が難しかった形式のデータに対する分析の可能性が広がります。

5　おわりに

今回は，サイズ，特に変数の次元が大きなデータを分析するための方法として，「スパース推定」と「関数データ解析」について，簡単に紹介しました。これらの方法を利用することで，古典的な方法では分析が困難であった高次元データに対しても，容易に分析ができたり，解釈が容易な結果が得られるようになったりします。スパース推定では，ある情報と，それに関連していると考えられる複数種類の情報がデータとして観測されたとき，後者の情報のうちどの組み合わせが前者の情報に関わっているかを効率的に選択してくれます。そして，関数データ解析では，観測個体１つひとつが時系列データとして観測されたとき，これらそれぞれを曲線（関数）として扱います。これにより，高次元データを容易に扱えるほか，データの計測時点が個体ごとに異なっていても容易に分析ができるようになるといった利点があります。

しかし，このような統計分析手法を適用して価値のある結果を得るためには，分析目的を明確に設定し，その目的の達成に必要な情報をデータとして計測する必要があります。そして，分析目的にかなった適切な統計手法を適用したうえで，それがもたらす結果の意味を理解しなければなりません。データサイエンスでは，このプロセスが１つでも欠ければ価値のある結果が得られないと考えています。そうならないためにも，データが取得されている応用領域の専門家と，データ分析手法を学んだ専門家との連携が必要不可欠です。

当大学データサイエンス教育研究センター[2]では現在，100を超える企業や自治体などと連携を進めており，データサイエンスに関する共同研究や人材育成

2　「データサイエンス教育研究センター」は2022年４月より「データサイエンス・AIイノベーション研究推進センター」に名称変更になりました。

などを行っております。加えて，2017年４月に設置した当大学データサイエンス学部の学生も育成しており，2019年４月には１期生が３年生になりました。３年生からは，少しずつ企業との共同プロジェクトにも参加してもらうことで，データサイエンスのより専門的な知識を身につけ，「生きた」データに実際に触れる機会をつくっています。また，2019年４月には日本で初めてとなる大学院データサイエンス研究科も発足しました。より発展的なデータサイエンス教育・研究を行うだけでなく，社会人学生も受け入れ，企業での具体的課題の解決に向けた研究を進めています。今後，より多くの場でデータサイエンティストの体系立った育成が進み，データサイエンティストと応用領域の専門家との連携が活発になることを望んでいます。

2.4　分析的手続〜適用範囲の広い監査手続・監査技術

分析的手続とは，①財務データ単独の推移，あるいは財務データ相互間の関係の推移を分析することによって，不整合な関係にある財務諸表項目，すなわち異常な財務諸表項目を識別すること，および，②財務データ相互間または財務データと非財務データとの間の関係を利用して推定値を算出し，その推定値を財務諸表項目の数値と比較することによって，当該財務諸表項目の状況（整合性や規則性）についての情報を得るための監査技術です。

次世代における監査業務では，パッケージの機能などをリモートアクセスにより利用することが考えられます。往査前にすでにリードスケジュールやその詳細内訳データ分析，各種趨勢分析やKPI分析データ結果が入手されていることとなります。

特に異常性のあるデータについてはAIが判定したうえで警告（warning）を発する仕様を備えることにより，集中した手続を実施することができます。

【図表19】　分析的手続

現　在	将　来	効　果
業界団体が公表している資料や過年度の売上データなどを勘案して，監査人が当期の売上高を推定する。	AIに「企業の理解」（90〜91頁参照）で収集した企業内外の情報のデータをもとに，データ間の整合性の検証や，売上予測を実施することで，異常性を検知する。	企業外部の情報や売上データ以外の企業内のデータと，企業の売上データを概括的に分析し，また整合性を検証することで，１つひとつの取引からは検証できない売上計上の傾向等が分析可能となる。

ところで，監査技術の中でも分析的手続は，データの統計的な解析と最も親和性のあるものということができます。近年，データから因果関係に関する仮説を探索する技術についても深度のある研究が進められています。

講義④ 因果探索：データから因果関係に関する仮説を探索するデータ解析技術

滋賀大学データサイエンス学部 教授
清水　昌平

理化学研究所　革新知能統合研究センター　因果推論チーム　チームリーダー
2006年３月　大阪大学大学院基礎工学研究科にて博士（工学）取得
2016年４月　滋賀大学データサイエンス教育研究センター 准教授
2017年４月　滋賀大学データサイエンス学部 准教授
2018年４月　滋賀大学データサイエンス学部 教授

1　はじめに

滋賀大学は，2016年４月にデータサイエンス教育研究センターを設置し，データサイエンスにおける教材開発や産学連携活動にいち早く取り組んできています。日本初のデータサイエンス学部を2017年４月に開設するとともに，2019年４月には同じく日本初となる大学院データサイエンス研究科（修士課程）を開講しました。さらに，大学院データサイエンス研究科（博士後期課程）を2020年４月に設置しました。

データサイエンス教育研究センターの価値創造プロジェクト研究における研究ユニット事業として，2018年度に因果探索ユニットがスタートしました。因果探索とは，因果関係についての仮説が十分にないときに，データから有望な仮説を探していくためのデータ解析技術です。本稿では，その因果探索という技術について，その目的と応用分野を紹介します。

2　相関関係と因果関係

統計学の基本に，「相関関係があっても因果関係があるとは限らない」という格言があります。例を挙げてみましょう。国ごとのチョコレートの消費量（１人当たり）とノーベル賞の受賞者数（１万人当たり）には正の相関がある，との報告があります（Messerli, 2012）。そのため，チョコレートの消費量の多い国なら，ノーベル賞を数多く受賞できそうという予測ができるかもしれません。では，高精度な予測ができるようになりつつある深層学習などの機械学習技術を用いて，「チョコレートを国民にたくさん食べさせれば，もっとノーベル賞をとれるだろうか」という予測をしようとしたとしても，現在の機械学習技術だけではそのような問いには答えてくれません。

前述のような例で正しい意思決定をするには，統計的因果探索の理論と技術が必要になります。現在の機械学習技術では，データから因果探索を行いません。将来予測に対して社会が期待するものは，たとえば「どうすれば健康になるか」という健康を増進するための因果関係の情報ですが，多くの場合「こういう人は健康です」という結果の情報しか提供されません。つまり，最初に例として挙げた「国民がチョコレートを多く食べている国はノーベル賞を数多く受賞しています」ということと大きな差はありません。

では，前述のチョコレート消費量とノーベル賞受賞の例を用いて，方法論的な困難の所在を説明してみましょう。**【図表A】**の下部で，因果関係を模式的に表した因果グラフと呼ばれる図を3つ示しています。

一番左の因果グラフは，チョコレートが原因で賞が結果であることを表しています。つまり，チョコレートの消費量を変化させると，ノーベル賞の受賞者数が変化するという関係を表しています。一方，中央の因果グラフでは，逆に，賞が原因でチョコレートが結果です。最後に，一番右の因果グラフでは，チョコレートと賞の間には矢印がなく，因果関係はありません。ただし，チョコレート消費量とノーベル賞受賞者数の関係に影響する変数としてGDPが存在し，これがチョコレートと賞に共通する原因になっているという図です。しかし，GDPは相関係数の分析に含まれておらず，散布図には現れません。このような変数（ここではGDP）は，未観測交絡変数と呼ばれます。

これら3つの因果グラフが表す因果関係は，全く異なります。にもかかわらず，図の上部の散布図のように「チョコレートの消費量が多ければ，ノーベル賞の受賞者数が多い」という同じ相関関係が現れ，同じ相関係数の値になることがあります。同じ相関係数を与えるような因果関係が複数あるため，どのような因果関係にあるのかを相関係数の値だけから推測することができません。ここに，統計的因果探索の難しさがあります。

【図表A】　相関関係と因果関係のギャップ

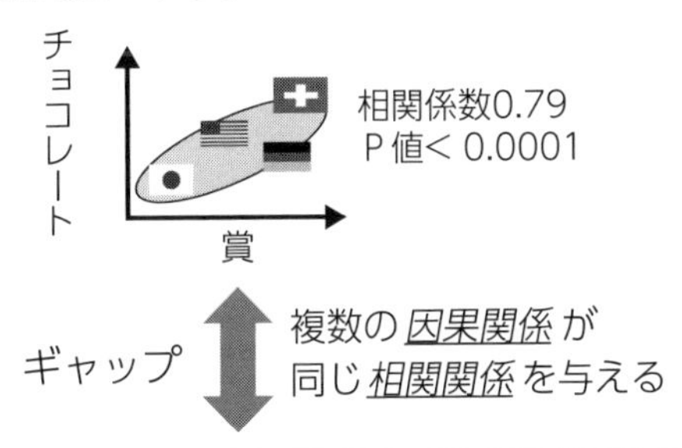

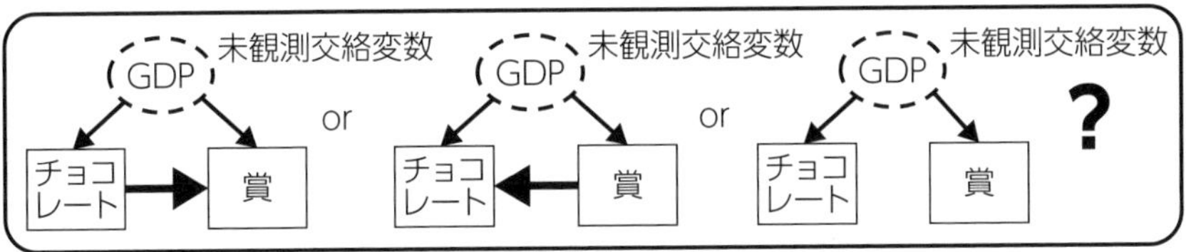

3　統計的因果探索の必要性

データから因果関係を推測する場合，最も仮定の少ない分析方法としてランダム化実験があります。しかし，実際にランダムにチョコレートの消費量の多寡を国々に強制すること（介入という）は，現実にはできません。この例に限らず，実際にランダム化実験をすることが困難なことは，さまざまな領域で頻出します。そこで，実際に介入する前に，もし介入したらどうなるかを予測する統計的因果探索の理論と技術が必要になります。

従来の因果推論技術では，次の２つの大きな条件の成立を仮定する必要がありました。１つ目は「因果の方向が事前に把握できている」という仮定であり，２つ目は「GDPのような未観測交絡変数が存在するなら，事前にそれらをすべて特定し，データをとり，分析に含めてある」という仮定です。１つ目は時間情報から把握できることもありますが，同時に観測されているという結果だけで時間情報が明確でないことがよくあります。また，２つ目の，事前に未観測交絡変数を「すべて漏れなく」特定し，それらのデータをとることは非常に困難です。従来の因果推論技術では，これらの仮定が満たされることを分析者が自らの責任で保証しなくてはなりませんでした。しかし，実際にそれを完璧に保証できるわけもなく，分析者はデータによる手助けを必要としています。

そこで近年，データから因果方向を推定する理論と技術の研究が盛んに行われるようになってきており，データから因果方向を推定する方法論・データ解析技術を因果探索といいます。ただし，未観測交絡変数の特定に取りこぼしがあってもその因果の妥当性を失わない方法論は，私たちの研究を端緒としてまだ始まったばかりです。

4　統計的因果探索の方法論

因果探索において中心的な課題は，「介入を伴わないデータから因果方向などの因果構造を推測でき」，かつ「未観測交絡変数の特定に取りこぼしがあったとしても妥当性を失わないような」新しい因果推論の方法論体系を構築することです。

因果探索の方法論体系を構築できれば，分析者は相関情報ではなく，より直接的に因果関係について調べることができるようになります。実際に介入する前に，もし介入したらどうなるかを予測することで，因果関係に関する良質な仮説を分析者に提供することができます。したがって，将来に変化をもたらす手立てを考える際に，分析したい因果関係とは一致しない相関係数に頼るよりも，データを直接役立てることができるでしょう。これまでのデータ解析法では不可能だったことを可能にすることで，さまざまな応用領域において，これまでにない世界が開けてきます。

方法論研究の成果だけでなく，各種応用領域のデータを解析し，その領域で因果探索を利用するうえでの手順に関する指針を提示することも求められています。標準的な事例を示すことは，基盤研究を進めるうえでも応用分野への普及の観点からも重要です。

滋賀大学においても，因果探索ユニット[3]（ユニット長：清水昌平）が産学連携活動を行っていました。こうした研究ユニット事業は，データサイエンスに

3　http://www.ds.shiga-u.ac.jp/inga/

関する教材開発や産学連携活動を担う滋賀大学データサイエンス教育研究センターに関連する制度です。同センターでは，センターの専任スタッフ（教授1名，准教授2名，助教10名）が産学連携案件に応じて，データサイエンス学部教員と連携して，企業・自治体のデータ解析やコンサルティングを行っています。

5　因果推論モデルと機械学習による予測モデルの応用

因果探索の応用例として，次のような使い方もあります。因果推論のモデルと深層学習などの機械学習による予測モデルとを組み合わせることにより，制御モデルを構築するという新たなコンセプト（Blöbaum & Shimizu, 2017）を発展させることを考えました。

このコンセプトについて，例を挙げてみましょう。たとえば，健康診断などのデータから，どのくらいがんになりやすいかを予測するモデルをつくったとしましょう。そして，がんになるかどうかと最も相関の高い検査項目を見つけます。仮に，それが体重だったとすると「体重の重い人に介入を行うことにより，効果的にがんを予防する」という施策が考えられるかもしれません。しかし，単純に体重を減らせばがんになりにくいと強く予測されるようになるとは限りません。体重を減らせば，体重減を原因として，体重減以外の多数の検査項目も変化します。そのような因果の連鎖の結果，がんになりやすさの予測値も変わるからです。つまり，どうすればがんになりにくくなるかを予測し，がんになりにくくなるような指導を個々人に行うためには，深層学習のような予測モデルだけではなく，測定項目間の因果関係のモデルが必要になるのです。

このように，因果モデルと予測モデルを組み合わせることで，「がんになりにくいと予測されるには，誰にどんな介入をすべきか」を調べるための制御モデルを構築できます（【図表B】）。因果推論と機械学習は，これまで別々のコミュニティで研究されてきました。しかし，両者は水と油の関係ではなく，前述のがんの例のような目的の場合，双方の考え方が不可欠です。同様のアイデアは，製造業をはじめ，モデルが既知でない場合の制御が必要とされる領域に広く適用可能です。

【図表B】　因果モデルと予測モデルの組み合わせ

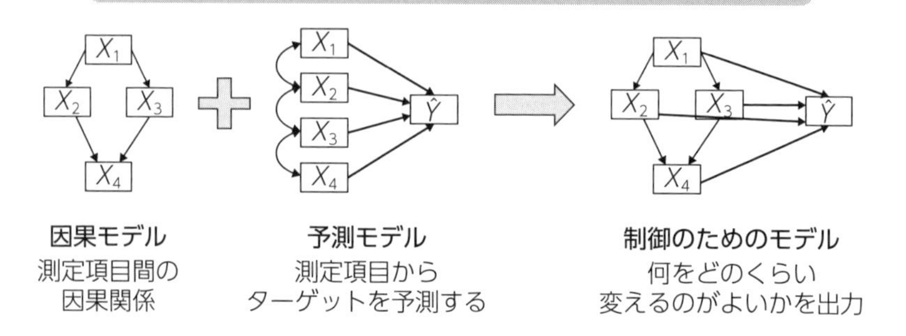

6　因果探索研究の今後

因果探索に関する主要な研究グループは，米国Carnegie Mellon UniversityのPeter Spirtesのグループ，ドイツMax Planck InstituteのBernhard Schölkopfのグループ，スイスETH ZurichのPeter Buhlmannのグループ，そして，私たち滋賀大学のグループです。私たち以外のグループのアプローチは，未観測交絡変数があると「I don't know」を返すのみです。未観測交絡変数が存在する部分の因果構造が推測可能なデータ解析法の研究開発において，私たち滋賀大学のグループはパイオニアとして一日の長があり，従来利用されていなかったデータの非ガウス性を利用する点に特徴があります（Shimizu et al., 2006；Hoyer et al. 2008；清水, 2017）。非ガウス性とは，正規分布からのずれです。チューリング賞（コンピュータサイエンス分野のノーベル賞といわれる賞）受賞者のJudea Pearl教授の著書（Causality, 2009）においても，「a new scheme of discovering causal directionality」を提案したと評価されています。また，私たちの研究結果を実装した商用ソフトを販売したり，分析サービスとして展開したりする企業が現れてきています。

他グループは，分析者による未観測交絡変数の見落としはないと仮定したうえで，できるだけ広い非線形性を許す方針で研究を進めています。一方，私たちは，未観測交絡変数の問題は統計的因果探索における最大の困難であり，これを分析者の事前知識のみを頼りに回避するという方針は分析者の負担が大きすぎると考えています。そこで，未観測交絡変数の見落としがあることを前提に，それでも妥当性を失わない方法論体系を組み立てるための研究をしています。

■講義④の参考文献

P. Blöbaum and S. Shimizu（2017）Estimation of interventional effects of features on prediction. In Proc. 2017 IEEE International Workshop on Machine Learning for Signal Processing（MLSP2017）, pp.1-6, Tokyo, Japan.

J. Pearl. Causality（2000）Models, Reasoning and Inference. Cambridge University Press.（2nd eds. 2009）.

F. H. Messerli（2012）Chocolate consumption, cognitive function, and Nobel Laureates. *New England Journal of Medicine*, 18:367（16）, pp.1562-4.

S. Shimizu, P. O. Hoyer, A. Hyvärinen and A. Kerminen（2006）A linear non-gaussian acyclic model for causal discovery. *Journal of Machine Learning Research*, 7 : 2003-2030.

P. O. Hoyer, S. Shimizu, A. Kerminen, and M. Palviainen（2008）Estimation of causal effects using linear non-gaussian causal models with hidden variables.International *Journal of Approximate Reasoning*, 49（2）:362-378.

清水昌平『統計的因果探索』（機械学習プロフェッショナルシリーズ，杉山将編）（講談社，2017年）。

3　監査計画へのAIの適用

キーワード

監査計画，内部統制評価，監査リスク

3.1　監査計画の立案

監査計画とは，監査手続の実施に先立ち，財務諸表の適正表示についての監査意見の表明を可能とする「合理的な基礎」を得るために，①財務諸表上のいかなる項目について，②いかなるアサーションを設定し，③どこで，④いつ，⑤誰が，⑥どのような監査手続を，⑦どの範囲で適用するかを具体的に予定した文書のことをいいます。

次世代における監査業務では，AIが企業の理解を助け，その経営環境を把握して，リスクポイントを提示することが考えられます。監査計画の立案にあたって，示されたリスクポイントをもとに監査チームでのディスカッションを行うことが考えられます。また，各領域における監査計画について，AIから提案を受けることもあるでしょう。これにより，さまざまなバイアスの存在ゆえに人間の判断だけでは見落としがちなポイントの指摘を受け，監査リスクの低減を図ることが期待されます（AIの意思決定支援機能）。

【図表20】　企業の理解

現　在	将　来	効　果
経済状況や業界に関する知見を前提として，経営者とのディスカッションや取締役会議事録等の閲覧により，企業および企業環境を理解する。	企業内（各種議事録や経営者とのディスカッション内容）および企業外（ニュースやSNS，その他業界情報）の情報をAIが一元的に収集し，データベース化する。	企業内外から多角的に情報収集し，標準的なフォーマットに一元管理したデータベースを作成する。当データベースが「リスク評価」や「分析的手続」等の監査手続を行う際の分析材料となる。

【図表21】　監査戦略

現　在	将　来	効　果
販売，購買などの業務プロセスごとに内部統制にどの程度依拠するかを判断する。	「リスク評価」および過年度情報，新規の監査基準などを考慮し，十分かつ適切な監査手続となるように，AIが各領域の監査計画を提案する。	「リスク評価」に基づき最も効果的かつ効率的な監査戦略を策定することで，よりリスクにフォーカスした監査手続内容となり，会計監査の品質が向上し，被監査会社へのインサイト提供が可能となる。

監査計画の前提となるマクロ経済状況や業界の知見を得るために，しばしば各種の統計を利用します。ここでは，政府統計についても理解を深めておくことは有益です。

太古の昔から政府統計が政府による政策形成において重要な役割を果たしてきたとされています。「ビッグデータ」の時代を迎えて政府統計はどのような変容を遂げようとしているのでしょうか。

講義⑤ ビッグデータ時代の政府統計

元滋賀大学データサイエンス学部 教授
高田　聖治

1988年3月　東京大学理学部卒業
1990年3月　同大学院修了
1990年4月　郵政省入省
1992年9月　米国ミシガン大学大学院留学。ハル・ヴァリアン教授（現Googleチーフエコノミスト）等に学ぶ
2003年4月　厚生労働省保険局　医療保険制度改革を担当
2006年7月　内閣府経済社会総合研究所　GDP統計の作成を担当
2011年8月　総務省統計審査官
2013年6月　総務省国際統計管理官
2014年7月　総務省統計局経済統計課長
2017年4月　滋賀大学データサイエンス学部 教授

1　はじめに

国勢調査やGDP統計等の政府統計は，政府における政策決定の基礎となるのみならず，ビジネスにおけるさまざまな経営判断にも不可欠の情報です。

ビッグデータ時代を迎えて，政府統計にも改革が必要となっています。たとえば，データの収集に関しては，従来のような統計調査の実施に加えて，それではなかなか捉えきれなかった経済活動等の把握のために，さまざまなビッグデータの活用や，税務記録を含む行政記録情報の利用が議論されています。そして，結果の利用については，いわゆる「証拠に基づく政策立案（Evidence-Based Policy Making：EBPM）」が注目を集めており，従来のような統計表の利用方法にとどまらず，政府や民間企業部門におけるさまざまな意思決定に活用いただけるよう，検討が進められています。

本稿では，このような統計制度改革の動きについて，背景等も交えながら解説します。また，今般の統計制度改革の発端ともなったGDP統計について，筆者が行った国際比較の結果を紹介します（なお，本稿における意見は筆者個

人のものであり，筆者の属する，ないし属していた機関とは関係がないことを念のため申し添えます)。

2　政府統計の目的

国勢調査やGDP統計等の政府統計は，政府における政策決定の基礎となるのみならず，ビジネスにおけるさまざまな経営判断にも不可欠の情報として役立てられてきました。

たとえば，国勢調査は，５年に一度，日本国内に住んでいるすべての人の年齢，家族構成，職業，通勤・通学の状況や利用交通手段等を調査していますが，国勢調査による人口は地方交付税交付金の算定の基礎になっていますし，その他，さまざまな政策が国勢調査人口をもとに決められています。学校や医療機関をはじめとする公共施設の設置も，国勢調査による正確な人口の把握なしにはできません。ビジネスの分野でも，店舗の出店計画立案のためには想定される商圏内の人口（年齢・性別・就業就学の状態別の詳細なもの）は重要な情報ですし，交通網の整備にはそこに住んでいる人の通勤・通学の情報が必要です。国勢調査は全数調査であるために小地域の状況も把握していることが特徴であり，市区町村よりもさらに細かく，町丁字別の統計や，日本全国を500メートル四方に区切った地域メッシュ統計も利用可能です。

経済統計の代表的なものはGDP統計です。これは，毎四半期ごとのGDPの値と成長率，需要項目別の内訳等が速報値として公表されるとともに，年末にはさらに詳細な内容が年次確報値として公表されます。四半期速報値は新聞，テレビ等で大きく取り上げられ，株価や為替レートに大きな影響を与えるとともに，政府の月例経済報告等の基礎として経済政策の判断材料ともなっています。年次確報値は四半期速報値と比較すると注目度が低いのですが，政府経済見通しの重要な基礎資料となっており，また，統計作成者にとっては年次確報値をベンチマークとして翌年の四半期速報を推計するため，四半期速報に劣らず重要な統計となっています。

3 ビッグデータへの対応

ビッグデータが社会のあらゆる場面に浸透しつつある現在，政府統計もその例外ではありません。筆者がかつて政府の統計関係部局に勤務していた際，世界各国の政府統計機関が集まる会議（国際連合や経済協力開発機構の統計委員会等）に出席する機会が何度かありましたが，そのとき，ほぼ決まって「ビッグデータは政府統計に取って代わるものとなるか」ということが話題となっていました。ただ，筆者としては，そのような問題設定の仕方にやや疑問を持っていて，スタニスワフ・レムのSF小説『砂漠の惑星』を引き合いに出して，「『ビッグデータは敵か味方か』という二分法ではなく，もっと多面的に，ビッグデータの使えるところは使う，協力できるところはお互い協力するといった関係を築くべきではないか」とコメントしたことを覚えています。実際，当時の議論は「ビッグデータは将来的にさまざまな可能性を秘めていることは認めるが，統計学でいう『代表性』に欠ける，すなわち，サンプル調査としては偏りがあって全体を適切に表しているわけではないので，公的統計の代替にはなりえない」というものでした。

しかし，そのような状況は変わりつつあります。たとえば，市場調査におけるインターネット調査は，かつては「サンプルに偏りがある」と考えられていましたが，インターネットの普及に伴ってそのような問題点も解消されつつありますし，統計学の側からも，たとえサンプルに偏りがある場合でもそれを補正するような手法がいくつか開発されています。ネットショッピングの増加やインターネット経由のサービスの増加により，そもそもビッグデータを利用しなくては捉えられないような分野も出てきています。

実際，わが国の総務省統計局では，家計消費の把握にビッグデータを活用する方向で検討を進めています。また，諸外国では，消費者物価指数の作成等にインターネット取引の価格を取り入れる等の動きも出てきています。少なくとも経済統計の分野では，ビッグデータが経済活動のあらゆる場面に浸透している中，ビッグデータを利用しなくては経済の全体像を適切に捉えることができなくなってきています。

データソースという観点からは，行政機関が住民や企業から申告等の形で収集した各種の行政記録情報の利用も重要です（政府統計における国際的議論では，行政記録情報は，収集のタイミングがばらばらであること，データ形式もさまざまである等の観点から，ビッグデータの１つとして扱われています）。特に，税務記録情報は，諸外国においては経済統計作成の重要なデータソースとして活用されていますが，日本においては，法制度的な側面からの問題，データ形式の問題（電子化されていないデータが少なからず存在する），データ項目の問題（データの定義や分類が，統計で求められているそれと必ずしも一致していない）等の課題があり，活用が進んでいないのが現状です。しかしながら，行政記録情報の活用は，統計調査に回答するといった報告者負担の軽減となるとともに，迅速かつ正確な統計の作成にも大きく資することが期待されます。特に，経済統計の分野では，有価証券報告書の情報や税務記録情報，雇用保険記録等の活用は，企業負担の軽減になると同時に，経済政策の適時適切な実施につながると思われます。実現に向けてさまざまな課題があることは事実ですが，諸外国の例も参考にしつつ，活用に向けた議論が進むことが期待されます。

4 結果利用の改善と証拠に基づく政策立案（EBPM）

統計データの結果活用の面においても，政府統計はさまざまな改革を迫られています。以前のように集計値を紙ベースで公開するだけではなく，機械判読可能な形で提供することや，さらに詳細な分析を可能にするための細かいデータの提供が求められるようになってきました。また，ビッグデータの解析技術が発展しつつある状況を受けて，それらの技術を有効活用できるように，ミクロデータの利用も求められるようになってきました。

これらの動きを後押ししているのが，いわゆる「証拠に基づく政策立案（Evidence-Based Policy Making：EBPM）」です。これはもともと，医学の分野で「証拠に基づく医療（Evidence-Based Medicine）」として提唱されたものですが，その後，社会科学やビジネスの分野にも広がっていきました。たとえば，

- 子どもがテレビを見る時間を減らせば成績は上がるのか
- 消費税の税込表示と税抜表示とで消費者の行動に違いはあるのか
- 医療費の自己負担割合を上げると国民の健康状態は悪化するのか

といった問題に対して，データによる実証分析が行われています[4]。

ビジネスの分野では，データの重要性に基づく判断の重要性は今さら申し上げるまでもないでしょうが，従来のようなマーケティング分析や工場における品質管理（QC活動）にとどまらず，人事管理のような分野まで，データが不可欠なものとなりつつあります。これまで，ややもすると「経験と勘」に頼っていたものが，「データに基づいた分析と判断」に取って代わられようとしています。

これを政策分野にも適用したのがEBPMといえます。もともと1990年代のイギリス・ブレア政権において提唱され，いわゆるNew Public Management（NPM）を支えるものとして「Episode-BasedからEvidence-Basedへ」という標語のもと，導入が進められました。わが国においては，New Public Managementのほうは橋本行革における省庁再編，エージェンシー化という形で導入されましたが，EBPMのほうは「すべてがデータだけから機械的に決まるものではない」という考えもあってか，大きく取り上げられることはなかったと記憶しています。ただ，EBPMというのはあくまで「政策立案」であって，政策決定まで機械的に行うということを主張しているものではありません。最終的な政策決定は，あくまで民主的な手続により行われるものです。しかし，その決定を正しく行うためには，きちんとした証拠＝データが不可欠であり，その整備および利用を進めることが重要となっています。

わが国でもようやく，EBPMが注目を集めるようになってきました。EBPMの推進によって統計の利用が進み，ひいては国民全体のためになることは喜ばしい限りです。

4　詳しくは，中室牧子＝津川友介『「原因と結果」の経済学―データから真実を見抜く思考法』（ダイヤモンド社，2017年）や，伊藤公一朗『データ分析の力 因果関係に迫る思考法』（光文社新書，2017年）などをご参照ください。

5　統計制度改革の流れ

わが国では，2016年に経済財政諮問会議において「GDP統計は経済の実態を正確に捉えられているのか」との指摘がなされたことを契機として，統計改革の議論が進められてきました。2016年末には経済財政諮問会議で「統計改革の基本方針」が取りまとめられ，GDP統計を軸にした経済統計の改善や政府全体におけるEBPMの推進等のための統計改革推進会議の設置等の方針が示されました。

それを受けて，2017年１月には，官房長官を議長とする統計改革会議が設置され，政府全体として統計の改革およびEBPMを推進するための体制が整えられました。同会議は５月に最終取りまとめを行いましたが，それに基づき，

- 各府省の責任者等で構成するEBPM推進委員会の設置と，政府を挙げた取組みの推進
- GDP統計を軸にした経済統計の改善（GDP推計の作成方法の改善や基礎統計の充実）
- ユーザーの視点に立った統計システムの再構築と利活用促進（官民データの相互利用促進等）
- 報告者負担の軽減と統計業務・統計行政体制の見直し・業務効率化，基盤強化

の各方向で改革が進められているところです。

統計改革の動きは，わが国に限らず，諸外国でも進められています。たとえばアメリカでは，2016年３月にEBPMの推進のための委員会を設置し，ミクロデータを活用するためのデータセンターを整備してランダム化比較試験（RCT）による政策評価等を推進しています。イギリスでも，時を同じくして2016年３月に前イングランド銀行副総裁のCharlie Bean卿による「イギリスの経済統計に関する独立レビュー」が取りまとめられ，政府経済統計部門の移転が職員の大量退職を招き経済統計の質の低下を招いた反省等を受けて，経済統計におけるユーザーとの対話の強化，デジタルエコノミーの進展に対応した統計に関する研究の促進等の方向性が示されています。これらの動きは，わが国

における統計制度改革とは動きをやや異にするところはありますが，背景には近年のビッグデータの増加，データサイエンスの進化といった共通の要因があります。

冒頭にも述べたように，政府統計は，政府における政策決定のみに用いられるものではなく，広く一般に活用されることを存在意義としています。今回の統計制度改革により政府統計の有用性がますます高まることを期待しています。

補論：GDP統計の国際比較

すでに紹介したように，今般の統計制度改革は，GDP統計に対する指摘に端を発しています。ここでは，わが国のGDP統計の作成方法の特徴や結果精度等について，主として国際比較によって検討します。

結果精度とはいっても，GDP統計はあくまで推計にすぎず「正解」といったものが明らかではないので，簡単に計算できるものではありません。しかし，GDP統計は速報値の公表後に，さらに詳細な基礎統計の入手を受けて，年次推計等のさらに詳細な統計を作成しているので，最新の推計結果が一応の真値とみなし，速報からの改定幅を推計誤差として評価を行うこととします。

【図表A】は，筆者が，わが国およびアメリカ，ドイツ，イギリス，フランスの各国を対象として，各国のウェブサイトや経済協力開発機構（OECD）が整備しているGDP統計のデータベースをもとに，GDP速報の概要およびその改定の状況をまとめたものです。

これによると，各国のGDP速報の作成方法は，利用可能な基礎統計の状況によってさまざまであることがわかります。ドイツでは四半期終了後約45日で１次速報を公表していますが，一方で，EUではドイツも含んだ域内全体のGDPを１カ月後に公表しています。ドイツでもGDP速報の早期化に向けた検討が行われましたが，結果として，「１カ月後に速報値を作成することは可能ではあるが，精度的に十分とはいえない」と判断し，ドイツ統計局としての公表は行わない，ただしEU統計局からの求めに応じて，１カ月後の速報値をConfidential Dataとして提供し，EU統計局はそれをもとに域内全体のGDP速報を作成，公表するということを行っています。

【図表A】　各国のGDP速報の比較

	日本	アメリカ	ドイツ	イギリス	フランス
公表時期と内容	1次速報：約45日後 • 支出側GDP（総額と内訳） • 分配側GDPのうち，雇用者報酬 2次速報：約70日後 • 支出側GDP（同上） • 分配側GDPのうち，雇用者報酬	1次速報：約1カ月後 • 支出側GDP 2次速報：約2カ月後 • 支出側GDP • 分配側GDP 3次速報：約3カ月後 • 支出側GDP • 分配側GDP 産業別GDP：約3カ月20日後	1次速報：約45日後 • GDP総額のみ 2次速報：約55日後 • 生産側GDP • 支出側GDP • 分配側GDP	1次速報：約1カ月後 • 生産側GDP 2次速報：約2カ月後 • 生産側GDP • 支出側GDP • 分配側GDP 3次速報：約3カ月後 • 生産側GDP • 支出側GDP • 分配側GDP	1次速報：約1カ月後 • 生産側GDP • 支出側GDP 2次速報：約2カ月後 • 生産側GDP • 支出側GDP 3次速報：約3カ月後 • 生産側GDP
推計方法の概要，主な基礎統計等	○需要側統計（家計調査，法人企業統計季報等）と供給側統計（鉱工業指数等）の組み合わせ	○供給・販売側統計（月次小売調査，四半期サービス調査，月次製造業出荷・在庫・受注調査）	○供給・販売側統計（月次生産指数，月次／四半期小売統計）	○需要・供給・販売側統計（生計費食料調査，月次生産調査，流通・サービス産業月次調査）	○供給・販売側統計（月次生産指数，小売統計（フランス銀行），付加価値税統計）
速報での成長率のその後の改定幅	改定幅（絶対値）の平均1.57% 成長率の±の逆転7／56回（この間の成長率の平均0.93%）	改定幅（絶対値）の平均1.01% 成長率の±の逆転4／56回（この間の成長率の平均1.86%）	改定幅（絶対値）の平均1.09% 成長率の±の逆転6／56回（この間の成長率の平均1.22%）	改定幅（絶対値）の平均1.25% 成長率の±の逆転5／56回（この間の成長率の平均1.69%）	改定幅（絶対値）の平均0.71% 成長率の±の逆転8／56回（この間の成長率の平均1.12%）

＊日本が速報の推計方法を見直した2002年4－6月期から直近の2016年1－3月期を対象とした(56四半期分)。第1次速報での成長率（実質，季節調整済前期比，年率換算）と，2016年8月現在での成長率とを比較。

速報におけるGDP成長率のその後の改定状況を見ると，わが国の改定幅は，その他の国と比較すると大きくなっています。しかし一方で，わが国以外でも，GDP速報の改定はままあることです。

わが国のGDP速報のその後の改定に関しては，推計に用いる基礎統計が，四半期と年次推計とで大きく異なることが一因となっています。四半期統計を4期間合計すると年次統計になるということではないのです。もちろん，年次統計は四半期統計よりも詳細かつ正確なことが期待されていますから，四半期統計の単なる積み上げでは不十分なことは確かですが，わが国のGDP速報の精度向上のためには，その基礎となる四半期統計と年次統計との整合性の確保が重要なポイントになると考えられます。

3.2　内部統制評価，リスク評価

監査計画作成にあたり，被監査会社における内部統制の評価が行われます。内部統制は，基本的に，受託者たる経営者がその受託した責任（会社の財産の保全と運用に係る責任および会計責任）を誠実に，また適切に遂行するために企業内に構築された経営管理の仕組みのことを意味しています。

次世代における監査業務では，会計に関連するアプリケーションシステムのみならず，関連するAIを利用したシステムのIT統制や，システムの設定状況を把握することに主眼が置かれることが予想されます。

【図表22】　内部統制評価

現　在	将　来	効　果
各業務プロセスについて，営業，経理，財務等の各担当者にヒアリングを行い，業務フローと内部統制を理解し，その結果を監査調書に記載する。	業務プロセスのヒアリングに加え，プロセスマイニング（注）によって，オペレーションの一連のデータを用いて，プロセスを見える化し，ヒアリング内容や業務記述書との整合性を検証する。	プロセスマイニングによるネットワーク図の作成や時系列分析等により，オペレーションの異常・非効率の発見が容易となり，業務ヒアリングの効率化や，内部統制の不備の検出率向上が見込まれる。

（注）　プロセスマイニング（Process Mining）とは，システムの実行ログデータに基づいて業務プロセスを分析する技術です。データの傾向やパターンなどを認識することにより，業務プロセスの問題点を発見し，その原因への対策を取り業務プロセスを改善することが期待されます。

また，米国企業改革法（US-SOX）や金融商品取引法（J-SOX）により，内部統制の整備・運用が定着化し，上場企業においては年次で内部統制の整備・運用状況の有効性が評価されています。

これまで企業は，効率化と有効性の観点から継続的に内部統制の最適化を図ってきましたが，内部統制やその評価方法が形骸化，陳腐化しているケースも少なくありません。また，近年，テクノロジーの活用があらゆる面で会社存続のカギを握るようになってきており，内部統制や内部統制評価の分野も例外ではありません。

さらに，時代が変化するにつれ，内部統制対応に関わる課題は複雑化，多様化しています。近年，経営者層や内部監査部門は，従来の課題に加えデジタル時代特有の課題や新型コロナウイルス感染症（COVID-19）の流行によって生じた新たな課題への対応を迫られています。

従来は，以下のような内部統制に関する課題が認識されていました。

- M&Aやグローバル化による子会社・関連会社増加に伴うグループ全体のガバナンス態勢強化
- 外部委託やアウトソーシングの対象業務範囲拡大に伴う外部委託先のリスク管理体制強化
- 年々厳格化していく制度や規制への対応
- 内部統制を担う人材の慢性的な不足への対応

これに対して，デジタル時代特有の課題として，たとえば以下を挙げることができます。

- 業務や事業のデジタル化に伴う内部統制構築・評価の効果的な運用および効率化
- デジタル化に対応できる人材の不足への対応（複雑化・高度化する社内業務に対応し，情報の流れを俯瞰できる人材の不足）

現行の監査においては，財務諸表の信頼性について社会が期待する保証水準を実現することを前提としたうえで，いかなる監査手続を選択し適用するかは監査人における自由な裁量に委ねることを認めるという「監査リスクアプローチ」の枠組みが採用されています。このため，監査計画の策定にあたり監査人が適切にリスクの評価を行うことは極めて重要なことと考えられます。

次世代における監査業務においては，監査人が専門家としての判断に基づき行われてきたリスク評価にAIを併用することにより，人間の判断と機械の判断とを組み合わせることが予想されています。

【図表23】　リスク評価

現　在	将　来	効　果
企業環境に影響を及ぼす事業上のリスクや，特定の取引，勘定残高などに存在するリスクを評価する。	「企業の理解」で得た被監査会社における内外環境の情報をもとにAIが被監査会社のリスクを評価し，監査人に提案する。 過去の不正事例等をもとにAIが財務分析を実施し，リスクが高い領域を識別する。	あらゆる情報をリアルタイムで分析することで，企業および企業グループのリスクを網羅的に把握する。AIの分析結果に加えて監査人ならではの客観的な評価により，被監査会社が見落とす可能性のあるリスクについても把握できる。

ビッグデータの時代の到来とともに，リスクの評価にあたって数学やデータサイエンスの知見を活用することは監査以外の領域でも広く行われています。特に金融の世界では「金融工学」とも名づけられ，比較的早期から実務にも取り入れられています。

講義⑥ ビッグデータとブラック・スワン

滋賀大学データサイエンス学部 教授兼副学部長
笛田　薫

1989年３月　九州大学理学部数学科卒業
1991年３月　九州大学大学院理学研究科修士課程修了
1993年４月　九州大学理学部数学科 助手
2001年３月　九州大学大学院数理学研究科博士（数理学）
2001年７月　岡山大学環境理工学部 講師
2008年10月　岡山大学大学院環境学研究科 准教授
2017年４月　滋賀大学データサイエンス学部 教授
2020年４月　滋賀大学データサイエンス教育研究センター長
2022年４月　滋賀大学データサイエンス・AIイノベーション研究推進センター長

1　はじめに

経済学者Hal Varianが“The sexy job in the next ten years will be statisticians.”[5]と述べた14年前は，100年に一度といわれる金融危機が発生した年でもありました。この危機の原因は，それまでに発生したことがない損失に関して，その発生確率を過小評価してしまったことにあり，Black Swan（以下，「ブラック・スワン」）の飛来とたとえられました。つまり「それまでに観測されたSwan（以下，「スワン」）に関するデータにおいて，色はすべて白だったこと」を根拠に「スワンはすべて白である」との結論を下すと，それに反するデータが観測されたときに不都合が生じるということです。

あれから14年，ビッグデータの収集とその解析技術の進歩により，私たちはデータからより多くの知見を得ることができるようになりました。その一方，現職に就いてさまざまなデータを扱う中で，異常例が極めて少ないデータ，ときには異常例が全く含まれないデータを取り扱うことも少なくありません。ビジネスの現場としては異常例が少ないことは望ましい場合が多いのですが，

5　Hal Varian, The McKinsey Quarterly, January 2009

データに基づいて何らかの知見を得たい場合，異常例が少なすぎることは解析を難しくさせます。そのための排他識別の手法もありますが，それよりもむしろ古典的な確率論を使ったほうが，異常の発生確率をより的確に見積ることができる場合もあります。

本稿では，金融危機を題材にして，過去の異常例データが少ない場合に将来の異常をどのように推測し，ビジネスの現場に反映させていくのかという考え方を紹介します。

なお，本稿における意見は筆者個人の，特に応用経済時系列研究会におけるディスカッションレビュー[6]のものであり，筆者の属する大学および応用経済時系列研究会をはじめとする諸学会とは関係がないことを念のため申し添えます。

2　ビッグデータとデータサイエンス

データサイエンスにはさまざまな分析手法があり，利用可能なデータと，何より目的によって使い分けています。手法の分類に関し，研究者の間で明確に定まったものはまだないと思いますが，大きく統計学的手法と機械学習手法に分けられます。

統計学的手法は理論をベースとして数学を用いて分析手法を導出し，さらに何らかの仮定（たとえば「観測値は独立同一に正規分布に従う」など）のもとで分析手法の性能（たとえば，量的変量ならば推定誤差の確率分布，質的変量ならば誤判別率など）も数学的に求めます。一般には，仮定が厳密に成立することは少ないですが，現実が仮定から少し外れても，性能がある程度確保される，というロバスト性も評価されます。

一方，機械学習手法はアルゴリズムをベースとし，データをそのアルゴリズムを用いて分析した場合にどの程度の性能が出るのかということも，観測されたデータを用いて評価します。学習に用いたデータと同じデータを用いて評価

6　応用経済時系列研究会（SAETA）／東京リスクマネジャー懇談会（TRMA）ジョイントディスカッションレビュー「『ブラック・スワン』とどう向き合うか？～金融危機後のリスク管理」http://www.saeta.jp/preview1.htm

すると過学習となり，性能を過大評価してしまうため，観測データをトレーニングデータとテストデータに分け，トレーニングデータを用いて学習した結果を，テストデータを用いて評価します。ちなみに，統計学の世界で非常に有名な赤池情報量規準（AIC）[7]は，機械学習の世界の言葉で表すと，「観測データをトレーニングデータとテストデータに分けずに，観測データすべてを用いて学習し，同じデータを用いて評価した場合に過大評価する度合い」を数学的に求めて評価結果から差し引いた指標，と表現できます。

統計学的手法と機械学習手法にはそれぞれ得手不得手があり，どちらかが優れているというものではありません。

現職に就き，しばしば「最新の機械学習手法を学びたい」という要望を聞くことがあります。最新の機械学習手法はたしかに従来の手法では解析できないデータを扱えるのですが，その一方で，従来の手法で解析できたデータを扱えないこともあり，必ずしも上位互換ではありません。大まかに説明すると，統計学的手法は解析者が考えたモデルを用いるため，サンプルサイズがどんなに大きくなっても，あまり複雑なモデルは扱えません。これは欠点であるようでいて，その反面，

- サンプルサイズが小さくても（機械学習手法と比べて）分析結果が安定的である
- あまり複雑ではないので結果の解釈が容易

というメリットもあります。また，前述のように数式を用いて性能評価を行うことができます。

逆に，機械学習手法は，サンプルサイズが大きくなるに従って複雑な結果を得ることができますので，単純なモデルでは扱えない現象も機械学習手法を用いると扱えることがあります。したがって，ビッグデータ解析にはふさわしい

7 Akaike, H.（1973）"Information theory and an extension of the maximum likelihood principle", Proceedings of the 2nd International Symposium on Information Theory, Petrov, B. N., and Caski, F.（eds.）, Akadimiai Kiado, Budapest: 267-281.

手法ですが，あくまで観測されたデータを処理するアルゴリズムですので，観測されなかったデータに関し，観測される確率はゼロなのか，あるいはゼロではないが今回はたまたま観測されなかっただけなのか，を考察するには向きません。

3　ブラック・スワンとデータサイエンス

かつて，観測されたスワンに関するデータにおいて，色はすべて白だった頃，英語には無駄な努力を表す言葉として「黒い白鳥（ブラック・スワン）を探すようなものだ」ということわざがありました。また，日本では白鳥が属する生物学の属は「ハクチョウ属」とされました。しかし，1697年にオーストラリアで実際にブラック・スワンが発見され，そしてそれが生物学的には白鳥と同じ属に属する生物だったことで，ことわざは意味を成さなくなり，黒鳥は名前に含まれる色に反してハクチョウ属に属することになりました。

この程度なら大きな問題はないのですが，「過去のデータでは一度もデフォルトしたことがない金融商品は今後もデフォルトしない」と考えたことが，2008年９月のリーマンショックの原因となりました。リーマンショックの約１年半前に出版されたナシーム・ニコラス・タレブ著『ブラック・スワン』[8]において「ブラック・スワン」は，発生する前には「可能性はゼロではないが，そんなに可能性の低いことをいちいち全部気にしていては何もできない」として無視されており，だからこそ対策がなされず影響が大きいのですが，いざ発生してみると「予測できたはずなのになぜ対策しなかったのか」と，予測しなかった人が非難されるような出来事である，と定義されています。金融危機の引き金となったサブプライム問題も，今となっては「プライムでローンを組めないほど信用度が低い人が，さらに信用度の低さに応じた高い金利でローンを組めば，返済できないのは当たり前」なのが，住宅価格が上がっている間は「現実に」問題にはなりませんでした。

8　ナシーム・ニコラス・タレブ（著），望月 衛（翻訳）『ブラック・スワン［上］［下］―不確実性とリスクの本質』（ダイヤモンド社，2019年）。

ブラック・スワンが大きな問題を引き起こす理由は，その発生可能性を「理論的には」否定できないにもかかわらず，「実際に発生していない」時点では対策することに対する理解が得られにくいことにあります。タレブはブラック・スワンの例として911テロを挙げています。ハイジャック対策として，旅客機のコクピットのドアは客席側からは開けることはできない規則・構造にしていれば，911テロは起こらなかったでしょう。しかし，まさに起こらないからこそ，そのような規則の必要性は理解されず，おそらくその規則は遠からず撤廃されていたでしょう。

その後の航空機の事例としては，２つのエンジン両方に鳥が衝突し停止した旅客機が，パイロットの優れた技術によりハドソン川に無事着水した「ハドソン川の奇跡」が挙げられます。乗客の命を救ったパイロットの技術が称賛されましたが，パイロット，あるいは航空管制官が鳥の多いことを理由に離陸を先延ばししたならば，凍えるような寒さの中でハドソン川に不時着することもなく少しの遅れだけで目的地に到着することができたはずなのですが，後者が前者のように称賛されることはなく，逆に客を無駄に待たせたとして非難されたでしょう。

このような危機に対する対策の軽視は，金融市場においても発生していました。背景としては，金融工学により，１つのリスク資産をもとにして，ハイリスク・ハイリターンな証券からローリスク・ローリターンな証券までさまざまな金融商品をつくることができるようになったことがありました。商品のバリエーションが増えたことにより，需要，すなわち己に許容できるリスクをとることでリターンを得ようとする資金供給が増え，このように流動化が進んだことで，マーケットが拡大し，信用創造が進んでいました。リスクをとることでリターンを得ようとする資金供給が増えたことにより，リターンに対する競争が激しくなり，同じリスクを負うことにより得られるリターンは減少していました。

しかし，ここがまさにブラック・スワンの特性なのですが，「実現していないリスクの軽視」によりレバレッジを高めることで，リターンの減少を補っていたために，たった一羽のブラック・スワンの飛来であっても，大きな被害が発生しうる状況にありました。

金融工学が金融危機の原因とされましたが，具体的にどのような問題点があったのでしょうか。

その1つに，実は主観にすぎない値を客観的に見せかけることができる点があります。当初の目的は，モデルに対して適切なパラメータの値を与えることで，たとえば損失の発生確率，損失額の期待値を求めることだったのですが，主観的，あるいは「実現していないリスクの軽視」による希望的な損失の発生確率の値が先にあり，モデルが計算する「損失の発生確率」をそれに合わせるためにパラメータを調整することで，主観的な値をあたかも理論的・客観的に正当性が保証された値であるかのように見せることができてしまいました。たとえば，ボラティリティの評価をするにしても，大きく変動したときには現在からどれくらい前までさかのぼってヒストリカルボラティリティを計算するかによって全く異なった値になります。

4　ビジネスの現場とデータサイエンス

データサイエンスを用いてリスクを数値的に評価しても，ビジネスの現場においては固有の問題があり，データサイエンス研究者が求めた理論的に正しい値が現場における正しい戦略につながらないことがあります。本節ではそのような例を2つ挙げます。

ブラック・スワンの存在確率，つまり「実現していないリスク」が軽視される理由として，現場においては期待値，分散だけでなく勝率も重要な要素となります。例として，自分の計算では，100分の1の確率で200万円になり，100分の99の確率で無価値になるオプションを考えます。自分の計算が正しければ，このオプションの期待値は2万円なので，仮に市場で多くの人が「200万円になる確率は200分の1しかない」と考えていて1万円で売買されていたならば，このオプションを1万円で買うことは正しいです。期待値の半額で購入できますし，損をしても1万円にすぎません。

ところが，金融機関の現場では，この取引はできません。まず，大数の法則が働くほど，同様の取引ができるとは限りません。また，100分の99の確率でこのオプションは無価値になるので，数回の取引では購入したオプションのすべてが無価値になり，損を繰り返す確率は高いです。200万円になる確率が，皆が思っている倍であったとしても，それが実現する前に，繰り返し損をした無能者としてクビになる可能性は高いです。タレブのように自分のファンドなら，100回，150回と買い続けることで200万円を得る確率は高いですが，金融機関の雇われトレーダーではそこまで待ってもらえません。

株式投資においては，ジョン・メイナード・ケインズの「美人投票」論が有名ですが，金融機関の雇われトレーダーに関してはトレード全般に言えることとなります。他のトレーダーが見落としている，あるいは知っているけれど無視しているリスクを正確に把握し，それに基づいて適切なリスクをとったトレーダーの成績と給料を考えてみましょう。ブラック・スワンが飛来するまでは，他のトレーダーよりもローリスク・ローリターンなポジションをとっているため，儲けは少ないでしょう。しかし，一度ブラック・スワンが来れば他のトレーダーが軒並み大損している中，自分一人が儲けられるでしょう。

では，その成績に見合った給料を得ることができるでしょうか。残念ながら，他のトレーダーが軒並み大損しているときは給料の原資が少ないので，どんなに儲けても給料は少なく，会社自身が倒産していることもあります。すなわち，リスクを正確に把握するよりも，他の多くのトレーダーがリスクをどのように把握してリスクテイクするかを把握したほうが儲かることになり，その意味で「誰が美人なのか」を推測するのではなく，「他の多くの人が美人と思うのは誰か」を推測する美人投票となるのです。

データサイエンスをビジネスに活用するためには，単にデータを解析するだけでなく，データの背景にあるビジネス現場，そして解析結果を活用するビジネス現場という両面からビジネスを理解する必要があります。その際，観測されていないデータに関しても，原理的に存在しないのか，存在しうるが確率的に今回は観測されなかったのか，あるいは観測されないような何らかのバイアスが働いているのかをしっかり考えることが重要です。

4　監査における新たなテクノロジーの利用

キーワード

不正会計検出，異常仕訳検知，開示，テキストマイニング，自然言語処理

4.1　不正会計検出

過去の不正事例等をもとにAIが財務分析を実施し，リスクが高い領域を識別することを不正会計検出といいます。

より検出力の高いシステムを監査人が構築していることにより，監査の過程において監査人が被監査会社の不正を見抜く能力が高まります。また，監査以前に，監査契約プロセスにおいて活用することを通じて，将来の（潜在的な）被監査会社における不正会計のリスクを見抜くことも期待することができ，検出モデルの開発に向けた研究が進められています。

講義⑦ テクノロジー駆動型不正会計検出システムの構築に向けて

滋賀大学経済学部 准教授
宮西　賢次

1989年　大阪大学大学院経済学研究科博士前期課程修了
1991年　大阪大学大学院経済学研究科博士後期課程単位取得退学
1991年　滋賀大学経済学部会計情報学科 助手
その後，講師，助教授
1998年　フルブライトプログラムにより，ノースウエスタン大学J.L.Kellogg Graduate School of Management博士課程に留学
現在，滋賀大学経済学部　経営専攻　准教授

1　はじめに

近年，諸外国のみならず，わが国においても不正会計の摘発事例は増加の一途をたどっています[9]。特に大規模な上場企業やいわゆるグローバル企業による不正会計が深刻な社会問題となっています。また，民間の調査会社によると，約２万件の調査対象企業のうち，１割から２割の企業に不正会計の疑いがあるとも指摘[10]されており，摘発に至る企業は氷山の一角だといえます。それゆえ，多変量解析やAI（人工知能）などの最新のデータアナリティクスのテクノロジーを利用した不正会計の検出と，不正会計を防止するために活用できるシステム構築のニーズはますます高まっています。

本稿では，会計不正の検出と関連した利益調整の研究や，不正会計を直接検出するモデルの研究，さらには多様なAI手法を応用した学術研究の動向と最新の成果について紹介し，現時点での到達点と今後の方向性を明らかにしたい

9　株式会社東京商工リサーチ社調べ（2016.2.10/HP上で公開）
https://www.tsr-net.co.jp/data/detail/1188523_1527.html
10　なぜ「粉飾決算」はなくならないのか
帝国データバンク情報部部長 藤森徹氏のPresident Online（2015.8.15）の記事
https://president.jp/articles/-/16037?page=1

と思います。テクノロジー駆動型の不正会計検出システムの構築は，監査のプロフェッショナルと大学の研究者の知見を融合する格好の研究テーマであり，今後そのような共同研究の取組みが一層加速する一助となることを期待しています。

2 利益調整の証拠

会計学の分野では，経営者が有する多様な動機や目的と関連づけた，利益調整の研究が蓄積されてきました。経営者や従業員がボーナス契約を結んでいる場合に，業績のレンジに応じた利益の捻出や圧縮のパターンを明らかにしたインセンティブ報酬仮説やビッグバス仮説[11]は，この分野での重要な知見として共有されています。さらに，社債や金融機関からの借入れに際して締結される財務制限条項の抵触を回避するための利益調整，上場や新規の資金調達，M&Aに際した業績の過大表示のインセンティブなどが，多くの論文で検証されてきました。

これまでに研究されてきた利益調整の多様な動機と目的の中でも，より基本的なものとして，1990年代以降，いわゆる利益ベンチマーク仮説[12]に関する検証がなされてきました。特に顕著な証拠として，赤字回避（損失回避）や減益回避，業績予想の達成と関連づけた利益の分布に関する調査が欧米とわが国で行われてきました。【図表A】は，Hayn (1995)[13]による「赤字回避」を目的とした利益調整の証拠を提供しています。特別損益項目を除いた1株当たり利益と株価の比率の分布図を作成することで，利益と損失の境界となるゼロ付近の分布が著しく歪んでいることから，損失回避のための利益調整が行われてい

---

11 経営者の交代や事業再編に際して，多額の費用や特別損失を計上し，後の期間の会計利益のV字回復を演出するような利益調整行動に関する仮説。業績連動型報酬契約のもとでのボーナス最大化，および評判や株価の最大化目的で行われる利益調整行動。

12 利益ゼロ（損失ゼロ），増益ゼロ（減益ゼロ），アナリスト予想や業績予想と同一の利益額をベンチマークとして，その業績目標を達成または超過するための利益調整行動に関する仮説。

13 Carla Hayn (1995) "The information content of losses," *Journal of Accounting and Economics* Vol.20, 125-153.

ることを端的に示しています。

【図表A】「1株当たり利益÷株価」の分布

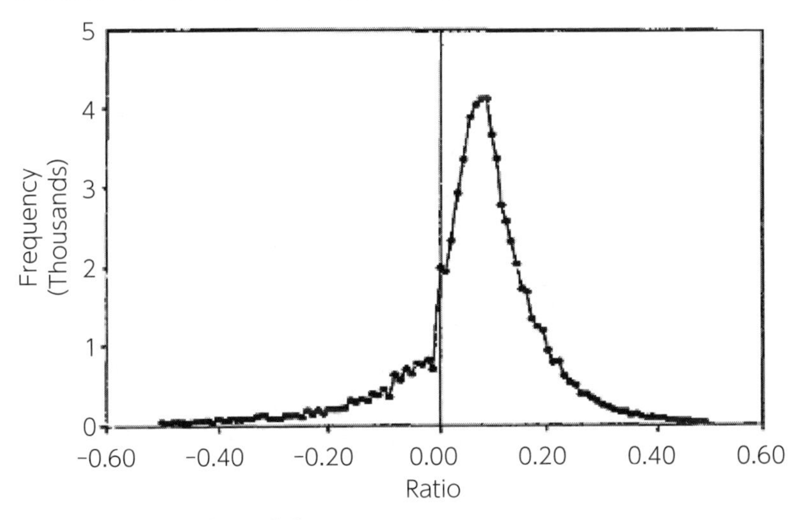

(出典) Hayn (1995) から抜粋

このほかにも，増益か減益かの境界付近での分布の歪みや，アナリスト予想や決算短信での業績予想を達成するか下回るかといったベンチマーク付近での分布の歪みが，多くの研究で明らかとなっています。これらの研究結果は，経営者の利益調整の存在や，いわゆる利益ゲーム（Earnings Game）の状況を示す強力な証拠として，多くの文献で引用されています。

3　裁量的会計発生高と実態的裁量行動の指標

不正会計の検出で有力な指標に関して，1990年代から2000年代初頭にかけて，会計発生高や裁量的会計発生高に関する研究も蓄積されてきました。会計発生高は，会計利益から営業キャッシュ・フローを控除した指標であり，これによりキャッシュ・フローの裏づけのない利益の総額を抽出することができます。さらに，いくつかの財務変数から会計発生高を予測し，実際の会計発生高との差を求めることで，裁量的に生み出された会計発生高を捉えることができます。Jones（1991）[14]モデルを嚆矢として，今日までさまざまな修正モデルが提案され，ごく少数の変数で会計発生高の合理的な金額を推定する手法が普及しています。これらのモデルを用いて推定された裁量的会計発生高は，発生主義の会計処理を通じた過度な利益捻出や利益圧縮を捉える洗練された指標であることから，利益調整の程度の測定や，不正会計の検出でも威力を発揮しています。

さらに，単なる会計処理や会計上の見積りの変更ではなく，企業活動の実態そのものを変更することによる利益調整の研究も進んでいます。たとえば，R&D費用や宣伝広告費，人件費は，その支出額を恣意的に変更することで，当期の損益を直接的に増減させることを可能にします。そのほかにも，押し込み販売や架空売上など，実態としての売上がないような状況では，売上に対する営業キャッシュ・フローが異常に減少することから，合理的に予測された営業キャッシュ・フローの値と実際の金額との乖離を求めることで，裁量的な行動の程度を捉えることが可能です。これら費用の金額に影響する裁量行動を抽出する指標は，不正会計のリスク評価でも有力な説明要因となっています。

4 代表的な不正会計検出モデル

不正会計の予測モデルを構築した初期の研究として，Beneish（1999）[15]があります。この研究は，多数の財務指標を同時に分析する多変量解析の手法を応用している点で，以後の不正会計検出に関する研究のベースとなっています。この論文では，過去の研究で利益調整との関連性が示された８つの財務指標を用いて，プロビット回帰分析による不正会計のリスク評価を行っています。プロビット回帰分析は，被説明変数が０（非会計不正企業）または１（会計不正企業）であるような状況で，複数の要因の影響を分析するために用いられる非線形の分析手法です。モデルの推定に用いられた指標と予測される符号，分析

14 Jeniffer J. Jones（1991）“Earnings management during import relief investigations,” *Journal of Accounting Research* Vol.29, 193-228.

15 Beneish, M. D.（1999）“The detection of earnings manipulation,” *Financial Analysts Journal* Vol.55（５）, 24-36.

結果を，【図表B】にまとめました。

【図表B】　Beneishの指標・符号・結果

インデックス	符号	結果
切片	＋	−4.840
売上高受取債権比率の上昇	＋	0.920
粗利益率の低下	＋	0.528
ソフト資産の割合の上昇	＋	0.404
売上高成長率の上昇	＋	0.892
減価償却率の低下	＋	0.115
対売上販管費率の上昇	＋	−0.172
対総資産会計発生高比率の上昇	＋	4.679
財務レバレッジの上昇	＋	−0.327

分析に用いられた８つの変数のうち５つの指標について，理論的な予測どおりの符号と有意な説明力を有することが示されています。この論文で提唱されている企業別の不正会計リスクの指標であるM-Scoreを計算すれば，深刻な会計不正として後に摘発された企業の約７割を事前に検出できることが明らかとなっています。

その後，Dechow et al.（2011）[16]では，AAER（Accounting and Auditing Enforcement Release）[17]で取り上げられた財務諸表修正企業を対象にして，洗練された28指標を用いてロジスティック回帰分析の手法で会計不正の確率を計算しています。ロジスティック回帰分析はプロビット回帰分析と同様に，会計不正の確率を多変量で推定する手法です。分析に用いられた28指標は，「会計発生高の質」，「財務パフォーマンス」，「非財務情報」，「オフバランスシート情報」，「市場関連指標」のカテゴリーに分類されています。これらの指標には，

16　Dechow, P. M., Ge, W., Larson, C. R. and R.G. Sloan（2011）“Predicting material accounting misstatements,” *Contemporary Accounting Research* Vol.28, 17-82.

17　米国SEC（U.S. Securities and exchange Commission）が公表する「会計および監査に関する執行措置通牒」。会計と監査に関する不正を摘発処罰された企業が公表されており，会計不正企業の特定に用いられることが多い。

過去の膨大な研究で有効性が示されてきた非常に洗練された指標が多く含まれています。ここから１変量で有力指標を絞り込み，さらにモデルの説明力が最大化される少数の指標の組み合わせを見つけています。彼らは，推定された会計不正確率をもとに，特定の企業の会計不正確率が通常の何倍程度になるかを示すF-Scoreを提唱しています。このF-Scoreをもとにした企業のランク付けを行い，F-Scoreの値が大きい上位20％の企業の中に，会計不正で摘発された企業の50％超が含まれるという検出力を示しています。さらに，不正会計企業の平均的なF-Scoreは不正年度以前から上昇し，不正年度で最大値をとり，その後急速に１に下落することが明らかにされています。【図表Ｃ】は不正会計企業のF-Scoreの推移です。横軸には不正会計年度をｔとして，前後の年度をとっています。F-Score 1は，財務指標のみで推定したモデル，F-Score 2は非財務指標も組み込んだモデル，F-Score 3は，さらに市場関連の指標を組み込んだモデルで計算しています。

【図表Ｃ】　不正会計企業のF-Scoreの推移

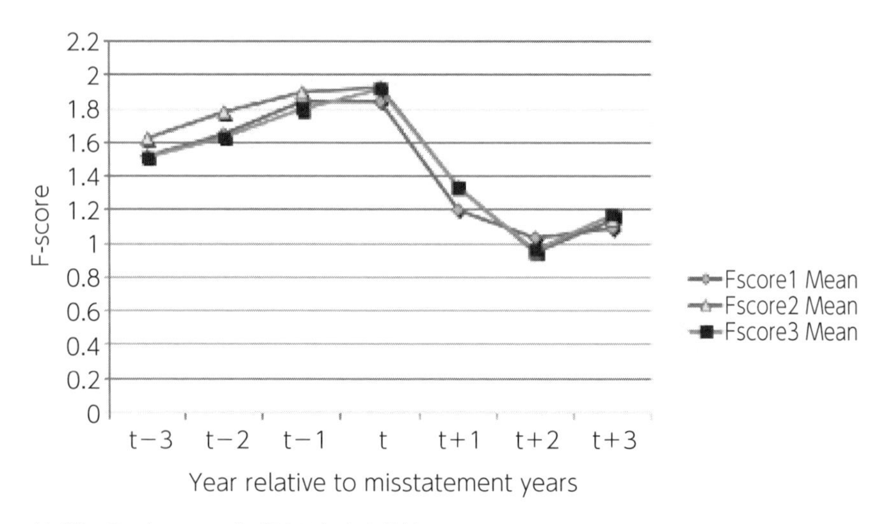

（出典）　Dechow et al.（2011）から抜粋

Dechow et al.の研究はその後，首藤ほか（2016）[18]で拡張がなされており，検出力を大きく引き上げるモデルの推定に成功しています。「実態的裁量行動」や「保守主義」，「日本特有の株式所有構造」などの指標が新たに利用されています。Dechow et al.（2011）に対応して推定した3つのモデルのうち，特に財務指標に非財務指標や市場関連の指標を追加したモデル3の検出力が飛躍的に改善し，F-Scoreで上位20％の企業群に不正会計企業の90％以上が含まれるという結果となっています。最も高い検出力を示したモデルで説明力が高かった指標は，「ソフト資産の割合」，「裁量的会計発生高の絶対値」，「新規資金調達の有無」，「異常営業キャッシュ・フロー」，「一般事業法人持株比率」，「簿価対時価比率」となっています。

5　AIアルゴリズムを応用した不正会計の検出

これまでに紹介してきた会計分野での不正会計検出モデルは，プロビット回帰分析やロジスティック回帰分析などのいわゆる統計モデルを応用しています。そして，それらのモデルによる検出力は，総じて50％から70％程度であり，唯一90％を超える検出力を示しているモデルも存在しますが，決定的な検出力を示すには至っていないと考えられます。他方では，AIの多様なアルゴリズムを利用した不正会計検出のための研究が行われており，より多様なデータを用いた手法で比較的高い検出力を示す研究がいくつかあります。

Perol（2011）[19]では，過去の研究で利益調整との関連性が示された42の指標を用いて，「ロジスティック回帰」，「サポートベクトルマシン」，「Artificial Neural Network」，「C4-5」，「bagging」，「Stacking」などの多様なAI手法の検出力を比較しています。その結果，ロジスティック回帰とサポートベクトルマシンのパフォーマンスが良いことを示しています。また，多様な手法で一貫して説明力が高かった指標として，「裁量的会計発生高」，「監査人の交代」，「ビッ

18　首藤明信＝大城直人＝栄明子「実証研究から読み解く不正会計の最新モデル」『企業会計』Vol.68（2016年），No.6, 66-74。

19　Johan Perols（2011）“Financial statement fraud detection:An analysis of statistical and machine learning algorithms,” *A Journal of Practice and Theory* Vol.30（2），19-50.

グ4監査」,「受取債権」,「アナリスト予想の達成」,「期待外従業員パフォーマンス」などが指摘されています。

さらに,Gupta et al. (2012)[20]では,62の比較的ナイーブな指標を用いたデータマイニングの手法により,「ディシジョンツリー」,「ナイーブベイジアン分類器」,「遺伝的プログラミング」のパフォーマンスを比較しています。利用されている指標は,従来の研究に基づく洗練された指標というよりは,流動性や安全性,収益性や効率性に関するシンプルな指標が中心ですが,「ディシジョンツリー」や「ナイーブベイジアン分類器」の検出力は84~86%超となっています。

6 研究の到達点と実装可能なモデルの構築に向けて

本稿で紹介してきた研究は,主として外部のアナリストなども容易にアクセス可能な情報に基づいて不正会計の検出を試みています。その点で,公共性の高いモデルとなっています。これらの研究のレビューから,現状を以下のようにまとめることができます。

① 会計理論を駆使した指標のみを組み込んだモデルの検出力は必ずしも十分なものではない

② たとえナイーブな比率であっても比較的大量の指標とAI手法を組み合わせたモデルの検出力は高い

③ 監査への実装には改善の余地があるものの,スクリーニングの方法として活用できる

④ 過去の研究で有意な説明力を有することが示された指標として,「裁量的会計発生高」,「ソフト資産の割合」,「裁量的実態行動」,「PBR(時価簿価比率)」,「新規の資金調達の有無」,「監査人の交代の有無」などが重要

これらを踏まえると,財務データや非財務データ,定性的データの組み合わせで検出力の高いモデルを構築する方向性が有力です。さらに,本稿では取り

20 Gupta, R., Gill, N. S. (2012) "A data mining framework for prevention and detection of financial statement fraud," *International Journal of Computer Applications* Vol.50, 7-14.

上げていませんが，ミクロの取引データそのものからの異常の検出や，画像データやテキストデータによる分析を組み合わせることでシステムの検出力を改善する試みも有力な方向性です。

より検出力の高い不正会計検出システムを構築することで，監査法人にとっては，クライアントの不正を見抜くことはもちろんですが，潜在的なクライアント企業の会計不正のリスクを迅速かつタイムリーに把握することが可能になります。他方で，クライアント企業や潜在的なクライアント企業の側でも，連結子会社や関連会社の会計不正のチェック，取引先や得意先のチェックなどで，効果的な活用が期待されています。

社会的にも極めて重要な不正会計検出システムの構築に向けて，今後はさらに多様な指標を用いて，有力なAIアルゴリズムとデータサイエンスの分析手法を組み合わせた実験に取り組みたいと考えています。PwC Japan有限責任監査法人と滋賀大学との共同研究は，会計不正の検出と防御の両面で，社会的な共有価値を生み出す大いなる可能性を秘めています。

4.2　異常仕訳検知

AIによる会計仕訳検証システムは，膨大なデータを網羅的かつ多角的に分析し，異常な仕訳か否かを判定することによって，人間が想定しなかったリスクや課題を浮かび上がらせるものです。次世代における監査業務では，従来から行われてきた仕訳レビューの手続をAIの利用により，さらに精緻化したものとされています。

【図表24】　仕訳テスト

現　在	将　来	効　果
当期に記帳されたすべての仕訳データを読み込み，監査人が検討したリスクシナリオに基づいて抽出条件を設定し，条件に該当した仕訳をテストする。	過去の監査結果をもとにした不正取引の計上傾向や，大量のデータから導き出した異常の定義により，不正リスクの高い取引を推定し，分析結果を提示する。	AIが検知した不正リスクの高い特定の取引に対し，抽出された背景について監査人の考察を加えることで，さまざまな示唆を被監査会社に提供できる。

AI会計仕訳検証システムは，仕訳データ全件を対象に，機械学習によって一定の法則性を読み取り，個々の仕訳がそれに合致するかを評価することによって，異常な仕訳を抽出します。監査チームは，AI会計仕訳検証システムを利用することにより，膨大なデータを網羅的かつ効率的に分析し，誤謬や不正の可能性を重点的に調べるだけでなく，人間が想定しなかったリスクや課題も浮かび上がらせることを可能とするものです。

一般に「人工知能」（Artificial Intelligence, AI）という言葉が使われている場合，現在ではその多くが機械学習（Machine Learning）のことを意味することが多いと考えられます。機械学習とは，AIの研究領域の1つであり，データに潜むパターン（法則性やルール）をコンピュータを利用して自動的に発見させる技術であり，このパターンによって判断や予測を行うことができます。

今日のAIブームを牽引してきた情報技術といわれるディープラーニング（深層学習）と機械学習の基礎について，典型的な応用例も参照しながら理解を深めておくことは会計の専門家にとっても重要なこととなりつつあります。

講義⑧ 人工知能のもたらす世界：会計人として生き抜くために

滋賀大学データサイエンス学部 教授
齋藤　邦彦

1982年３月　名古屋大学理学部物理学科卒業
1986年３月　名古屋大学大学院工学研究科情報工学専攻博士課程前期課程修了（工学修士）
1989年４月　滋賀大学経済短期大学部 助手
1994年10月　滋賀大学経済学部 助教授
2007年10月　滋賀大学経済学部 教授
2017年４月　滋賀大学データサイエンス学部 教授

1　はじめに

「第４次産業革命」という言葉とともにAI（人工知能）やIoT，ビッグデータ，ロボティクスといった技術が注目を集めています。囲碁ソフトが現役棋士に勝利し，AIが特殊な白血病を検知し患者の命を救うといったニュースが話題となり，自動運転をめぐるトピックスがニュースを賑わせています。シンギュラリティという言葉で象徴されるように，AIが人の能力を超える時がやがて来るかもしれません。AIの普及により，ルーティンワークや定型的な職業はAIに取って代わられます。一方で，先進的な企業はAI技術を導入することで競争力を高めようと考えています。

本稿では，現在のAIブームを牽引しているディープラーニングと機械学習を簡単に紹介し，AIによる不正検知の手法を取り上げます。会計の不正検出では，企業内仕訳データなどの会計データから特徴量をより出し，新規の会計データから不正の有無を検出します。画像処理，音声処理，Web解析技術を応用することで，より効果的に不正検出を行うことができます。会計業務に携わる人たちがこのようなAIの応用技術を学ぶことで，来るべき「AIの時代」を生き抜くことができると考えます。

2 AIブームとは

ビッグデータ活用の広がりとともに，第3次AIブームが到来しました。プロ囲碁界のトップ棋士に「囲碁AI」が勝利（2016年3月と2017年5月）したことでブームに火がつきました。従来の「囲碁AI」は，シミュレーション技法で打つ手を探索していましたが，囲碁AIはプロ棋士の棋譜から学習し，自分同士で対戦を繰り返すこと（強化学習）で成長しました。また，医学の領域でも成果を挙げています。AIを搭載したコグニティブシステムが大量の医学論文を学習し，特殊な白血病を見抜いて患者の命を救いました（2016年8月）。国立がん研究センターは大手電機機器メーカーと連携して大腸がんのリアルタイム診断（2017年7月）を実現しています。大腸の内視鏡検査時に撮影される画像から，ディープラーニングにより患者の症状をリアルタイムに検査できるシステムです。

自動運転の取組みも話題になっています。自動車メーカーをはじめとする多くの企業が，カメラやミリ波センサなどで捉えた信号や道路標識，障害物といったデータを用いて，アクセルやブレーキ，ステアリングの操作を自動化する研究を進めています。さまざまな外部情報を正確に認識し，適切な運転をするためにAI技術は欠かせないものです。たとえば，AIを搭載した，人とクルマをつなぐモビリティ社会の未来をイメージしたAI時代にマッチしたコンセプトカーが発表されています。同時に自動車メーカーと半導体メーカーとの連携の動きも活発になっています。

現在のAI技術を牽引するのは「機械学習」と「深層学習」です。AI研究の

- 第1世代
  1960年代　推論と探索アルゴリズム，パーセプトロン
- 第2世代
  1980年代　エキスパートシステム，論理プログラミング
- 第3世代
  2010年代　機械学習や確率・統計理論
- 第4世代
  2010年代末　生成AI（敵対的生成ネットワーク，GPT）

歴史を簡単に振り返ってみます。

第１世代のAIは，特定のゲームに勝つアルゴリズムや，定理を自動的に証明する手法などが考察されました。また，自然言語処理の研究も始まっています。日本では第２世代AIの開発に国を挙げて取り組み，その後，冬の時代を迎えました。その反動で，日本ではAIの開発者が大幅に不足しています。第３世代ではベイズモデル，サポートベクトルマシンなどの機械学習や確率・統計理論が基礎となり，ディープラーニングの普及で最盛期を迎えています。最近ではGPT-3，-4やDALL-E2，Stable Diffusionといった生成AIが急速に普及しています。

3　シンギュラリティ

近い将来，AIが人の能力を超える時＝シンギュラリティが来るといわれています。それはAIが人類すべての知能を超える段階を指します。シンギュラリティを肯定する人々，たとえばスペースX社（宇宙開発）とテスラ社（電気自動車）のCEOであるイーロン・マスク氏は「シンギュラリティは来る」という立場です。シンギュラリティをもたらす技術的ブレークスルー，たとえば脳とAIを直接つなぐ技術が開発されると主張し，実際，３番目のベンチャー企業としてニューラルリンク社を立ち上げ，人間の脳とコンピュータを小型の埋め込み式電極で接続する手法の研究に取りかかっています。

しかし，今のAIは問題解決や推論を行うソフトウェアの域を出ておらず，物事の意味を理解して動いているわけではありません。多くの識者はシンギュラリティに批判的な立場を取っています。たとえば，自動翻訳AIは言語間でデータの変換を行っているだけで，言葉の意味を理解できないという論調です。

4　AIへの期待と不安

AIはIoTやロボット，フィンテックという言葉とともに超スマート社会の実現のための基幹技術とされます（内閣府白書「日本経済2016－2017」ほか）。そして，さまざまな業種・業界でAIを導入しようとする試みが始まっています。

フィンテックという言葉で表現されるように，銀行や証券，保険といった業界，そして会計業界でもその潮流は顕著です。金融サービスでは決済，資産運用，不動産取引など，さまざまな側面で，ユーザーにとってより使いやすく，安価なソリューションの提供が進んでいます。

AIの普及により多くの仕事がなくなるといわれています。「今後数十年でコンピュータに取って代わられる職業」として弁護士，会計士，税理士といった職業が挙がっています。また，電話オペレータや銀行の窓口業務などのルーティンワークや定型的なチェック作業を業務とする職業は，AIに取って代わられる可能性が大きいといえます。

一方で，先進的な企業はAI技術を導入することで競争力を高めるという姿勢を持っています。AI技術の導入が遅れ，一度，同業他社に差をつけられると，その差は拡がり続け，やがて追いつくことが不可能になると考えるからです。機械が人間に置き換わることを心配するより，仕事が効率化され，より創造的な仕事に時間を使えることによる可能性に目を向けたほうがよいでしょう。

5　ディープラーニング

ディープラーニングとは，機械学習の一種であるニューラルネットワークの階層を深めたアルゴリズムです。ニューラルネットワークは，生物の脳の神経をモデルとしたアルゴリズムであり，1940年代から研究が始まっています。「入力層」，「隠れ層」，「出力層」の層を持ち，各層は複数のノードがエッジで結ばれる構造となっています。隠れ層は複数の層を持つことができ，特に深い隠れ層を持つものをディープラーニングと呼んでいます。この隠れ層を深くして何十層からなるニューラルネットワークも実用化されています。

代表的なディープラーニングには，画像処理を得意とするCNN（Convolution Neural Network：畳み込みニューラルネットワーク），時系列データ，テキストデータを処理するのに優れたRNN（Recurrent Neural Network：再帰型ニューラルネットワーク）などがあります。CNNは自動運転や顔認識などで用いられます。RNNはSPAMメール検知やSNS分析ですでに利用されています。CNNでは，隠れ層は「畳み込み層」と「プーリング層」で構成されます。

畳み込み層では，入力層にフィルタを適用して特徴マップを得ます（【図表A】）。プーリング層では，畳み込み層から出力された特徴マップから，さらに縮小された特徴マップを生成します。

【図表A】　畳み込み層

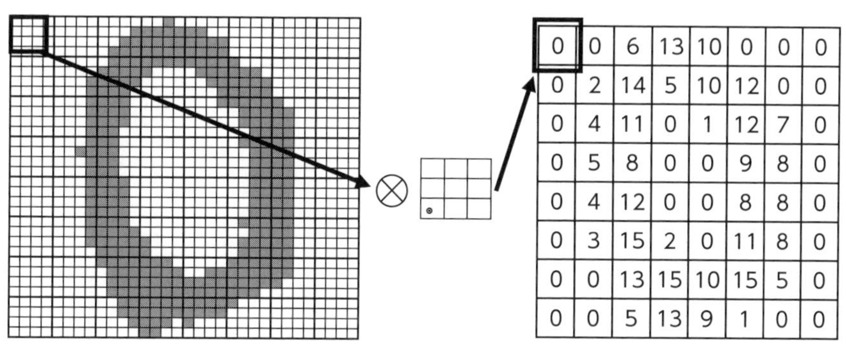

ディープラーニングを活用するためには大量のデータ，高性能のコンピュータが必要です。データがあればあるほど「過学習」を回避しつつ複雑なニューラルネットワークを構成でき，性能がよくなります。そのため，データの収集が仕事である巨大IT企業がAI技術を先導するようになっています。

6　AIによる不正検知の手法：会計監査を対象に

AIこそ会計分析や不正検出に能力を発揮できるといえます。従来の経理業務は，現金での支払と，伝票処理のプロセスから構成されていました。完全にキャッシュレス化が達成され，レシートや領収書などが電子化される世界では，これらのプロセスは不要となります。処理が電子化されれば，たとえば，売上高や費用を分類する会計仕訳プロセスで，不正につながるような異常な資金の動きがないか，伝票に偽造がないかなどの判断を自動化できます。

不適切会計が相次ぎ，監査の信頼性の向上が課題になる中，AIの導入で不正を発見しやすくしようとする試みに，大手の監査法人が一斉に取り組み始めています。PwC Japan有限責任監査法人でも，「AI監査研究所」の設置や当大学との共同研究「不正会計予測モデルの基礎研究」などをとおして会計監査におけるAIの活用に関する研究を進めています。実際に利用される技術は機械学習とディープラーニングであり，不正パターンを検出するために統計学的手法を用いて異常値や外れ値の検知を行います。

機械学習にはさまざまな手法があり，大きく「教師あり」学習と「教師なし」学習に分けられます。「教師あり」学習には線形回帰やロジスティック回帰，サポートベクターマシン（SVM）といった回帰モデル，決定木，単純ベイズ，k近傍法といった手法があります。「教師なし」学習の代表的なものはクラスタリングです。ニューラルネットワーク，ディープラーニングにも「教師あり」学習と「教師なし」学習があります。

回帰モデルでは「線形回帰」と「分類」という利用方法が考えられます。「線形回帰」は，データ群から線（直線や二次曲線など）を求め，株価などの経済指標や気温の変異など自然現象の予測などに用いられます。「分類」はデータを直線や平面などによりクラス分けします（**【図表B】**）。他のモデルも分類や予測に用いられます。

【図表B】 分類

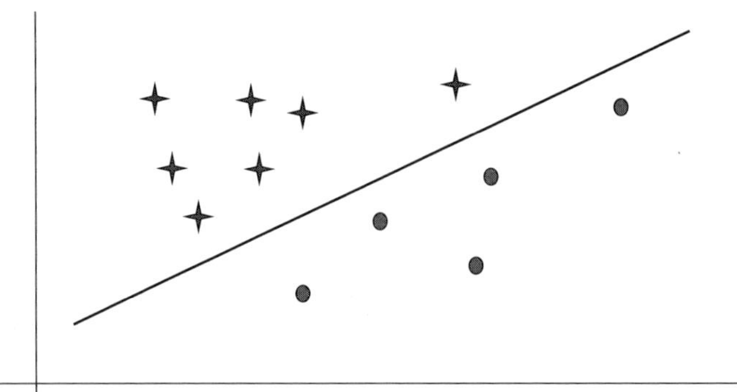

最近では，複数の手法を組み合わせるアンサンブル学習が広く利用されています。世界中の統計家やデータ分析家が競い合う分析手法プラットフォームで

ある「Kaggle」では，カードの不正利用データなどを用いたデータ分析コンペティションが行われ，参加者が分析性能を競っています。そこではAdaBoostなどのアンサンブル学習が用いられています。

ここで，ディープラーニングの手法であるCNNを用いた会計の不正検出の仕組みを簡単に紹介しましょう。財務諸表や株価，企業内仕訳データなどの会計データを数値データ化し，欠損値処理やスケーリング，主成分分析による特徴量の選定などを行います。処理済みのデータを入力してCNNに計算させ，多様な特徴量に対応する分類器をつくります（【図表C】）。そこに新たな会計データを入れると不正の有無を検出することができます。カード会社ではカード不正利用検知に，銀行では債権貸し倒れ予測に，このような機械学習やディープラーニングの手法が活用されるようになっています。

【図表C】　クラスタリング

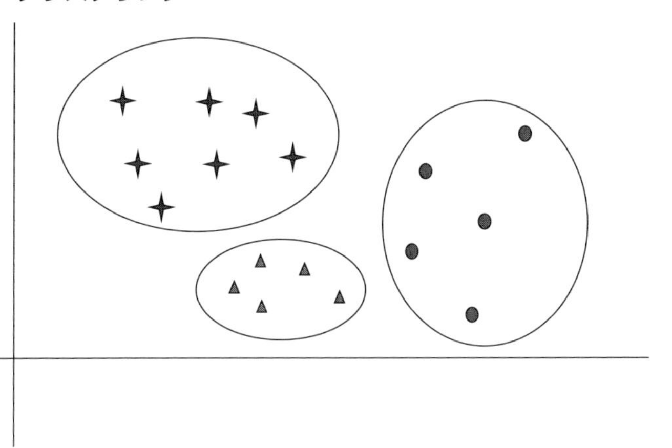

画像処理，音声処理，Web解析といった技術を組み合わせて不正を検知する試みも行われています。たとえば，会計関連文書や議事録，会議の音声データをテキスト化し，テキストマイニングで分析して異常な動きを察知します。また，手書き伝票の数値偽造を画像分析で検出したり，SNSを分析することで企業内の何らかの異常を感知したりとさまざまな応用研究が行われています。

AIやIoT，ビッグデータのシステム開発では最新のテクノロジーが使われます。しかし，「エコシステム」という言葉に代表されるように，オープンソースやオープンデータを用いた，効率的で協働的なシステム開発が可能となっています。プログラミング言語「Python」と機械学習ライブラリ「scikit-learn」やディープラーニング開発フレームワーク「Keras」を用いれば，初学者でも簡単にAIに触れることができます。

AIを社会に普及させる任を担うのは，AI技術の担い手である統計学やAIの研究者，データサイエンティストだけではありません。会計監査や会計業務の世界を考えれば，会計業務に携わる人たちがAI技術を学び，AI利用のエキスパートとなることが，AIによる「スマート社会」を実現し，また彼らがAIの時代を生き抜く1つの道を示すと考えられます。

4.3　開示分析

財務諸表監査の最終段階では被監査会社の作成した財務諸表に対する注記を含む開示書類の内容について，それが適切になされているかを監査人がチェックするという手続が実施されます。

次世代における監査業務では，従来監査スタッフのマンパワーに依拠して行われていた数値の整合性のチェック等の作業が大幅に簡略化されたものとなることが予想されています。

【図表25】　開示チェック

現　在	将　来	効　果
提出用財務諸表が会計基準に基づき適切に開示されているか，目視やサポート資料との照合で検証する。	提出用財務諸表と監査済み資料等をAIにインプットすることで，自動的に開示チェックが行われ，結果が出力される。 特殊な開示項目については，過去の開示のデータベース等をもとにAIが適切と考える開示例を提案する。	監査人側の開示チェックの時間が短縮され，計算チェック等のルールベースで行うチェック作業の精度が向上する。 被監査会社が作成した開示書類の草案と，過去の開示事例との比較が容易になる。

開示書類の検討においては，人間が普段用いている自然言語をコンピュータに処理させる技術である自然言語処理（Natural Language Processing）と呼ばれる情報技術が用いられます。これは翻訳，検索エンジン，音声認識，OCRなど，すでに幅広い分野にて応用されています。

AIが専門家と協働して業務を行うにあたり，これまで専門家が行ってきたその動作についてAIが自ら学び，さらに賢くなることもすでに情報学の研究において示唆がなされています。人間と人工知能の協働についての理解を深めておくことは，適用にあたってその限界を十分に理解するためにも重要であると考えられます。

講義⑨　「木を見て森を知る」―人工知能の意外な側面

滋賀大学データサイエンス学部 教授
市川　治

1986年３月　東京大学工学部航空学科卒業
1988年３月　東京大学大学院工学系研究科航空学専攻修士課程修了（工学修士）
1988年４月　日本アイ・ビー・エム株式会社入社
1999年４月　文部科学省 宇宙科学研究所 受託研究員
2001年４月　日本アイ・ビー・エム 東京基礎研究所 主任研究員
2008年９月　奈良先端科学技術大学院大学情報科学研究科情報処理学専攻博士後期課程修了（博士（工学））
2015年４月　法政大学理工学部 兼任講師
2016年５月　日本アイ・ビー・エム 東京基礎研究所 シニア・リサーチ・スタッフ・メンバー（担当部長）
2018年２月　滋賀大学データサイエンス学部 教授

1　はじめに

タイトルの「木を見て森を知る」は，ことわざ「木を見て森を見ず」をもじったものです。元のことわざは，１つひとつの木の枝ぶりや葉の様子など小さい部分だけを見ていても，全体としての森は見えてこない，森を理解するためには，細部に着眼するよりも全体を俯瞰したほうがよい，という教訓です。もちろん，対象は森だけではなく，経営戦略やスポーツ競技など，広く一般的な場面で用いられています。ここから示唆されることは，人間はどちらかというと，細部を観察した情報ではなく，全体を観察した情報を優先して判断するように訓練されているということでしょう。

世の中で人工知能とみなされているタイプの深層学習もまた然りで，全体を俯瞰したような高度な判断を下します。しかし，意外に感じるかもしれませんが，入力を構成する最下層の部分では，局所的な観測値から細切れの情報を生成しているものがほとんどです。意外にも，全体観を表現するような観測値とは無縁です。しかし，識別処理を何段にも積み重ねた深層学習により，最終的な出力は全体を反映した結果となります。このパラドックスを本稿では，「木を見て森を知る」と表現することにします。

2　人工知能と機械学習

まず，判別分析に用いられる機械学習という言葉の意味をおさらいしておきましょう。【図表A】に示すように「特徴量」を「識別器」に入力し，「識別結果」を出力する仕組みです。入力側の特徴量というのは，複数のデータをセットにしたもの（＝ベクトル）で，対象の特徴をよく捉えるような観測値を選んで使います。識別器は，この特徴量から期待する識別結果が得られるように学習されます。

【図表A】　機械学習と識別器

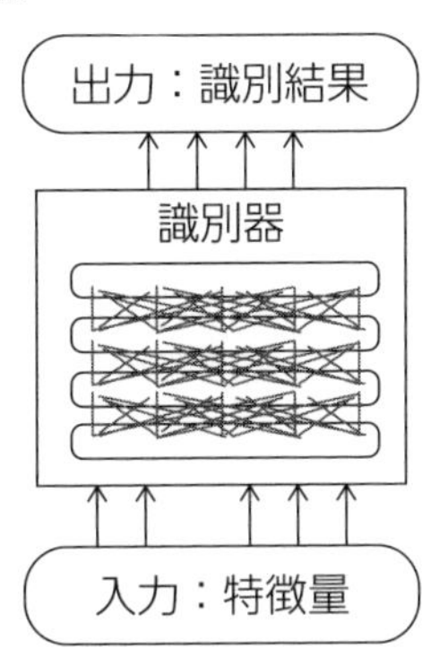

たとえば，一般物体認識であれば，入力した画像に対応する「犬」，「猫」などの候補が，出力側の素子１つひとつに割り当てられます。最も大きな値を出力した素子に対応する候補が識別結果となるわけです。ここで機械学習は，特徴量と識別結果をペアにした学習データを大量に用意し，識別器の中のパラメータ（＝変数）を学習する（＝更新する）ことを行います。学習を終えた識別器のパラメータセットはモデルと呼ばれ，良いモデルは入力した特徴量に応じ，できるだけ正しい識別結果を出力します。

世の中で人工知能と呼ばれているものは，基本的にこの機械学習の仕組みにほかなりません。近年，機械学習の分野で，ニューラルネットワークを多層に積み上げた深層学習が発展してきたため，識別能力が目を見張るほどに向上しました。その結果，まるで人間のように対象全体を高度に理解して判断を下したかのような錯覚に陥ることがしばしばあり，こうした機械学習システムを人工知能と呼ぶようになったということでしょう。

しかし，知能という言葉は意識や自我を連想させるので，機械学習のコミュニティでは「人工知能という言葉をなるべく使いたくない」という研究者も多く存在します。当然，今の人工知能には意識や自我はありませんし，いくらAIアシスタントが人間と柔軟に対話していようとも，これらには何の感情もありません。本稿では，それを踏まえたうえで，わかりやすいように人工知能という言葉を使うことにします。

3 人工知能への入力と出力

急速に進歩した人工知能は，将棋・囲碁・クイズ・医療・画像認識・音声認識など特定のタスクで，人間と同じように全体を俯瞰したような高度な判断をするようになりました。こうした現状から，人工知能は，その処理の最下層から全体の情報をこねくり回しているかのような印象があります。ところが，意外にも情報の入り口の部分では，対象の局所的で細かい特徴を大量に抽出するという作業からスタートします。

まず，テキスト分類のタスクを考えましょう。【図表B】の例は，人間が機械に対して人間が使う言語で命令し，機械がそれを自分の知っている命令に分類して動作するというものです。人間が使う言葉では，同じ動作についての命令でも多様な言い回しとなります。日本語の場合，語順も柔軟に変化するので，機械がその入力の意味を理解しようとするのは，全体を俯瞰するようなアプローチをとるべきという印象があるでしょう。

しかし，この分野でよく使われる特徴量は，隣接する２単語や３単語の並びをカウントするN-gramという局所的な特徴です。さらに進んだ機械学習の仕組みでは，このN-gramを取得する操作を畳み込みニューラルネットワーク（CNN）に置き換えますが，最初の層では単語の前後の局所的なつながりの情報を抽出しています。

【図表B】　テキスト分類タスク

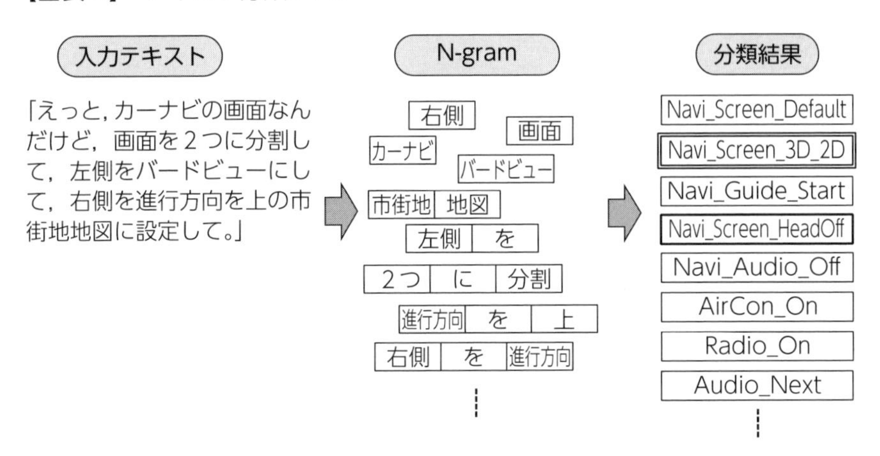

次に，人工知能が搭載された将棋ソフトの例を見てみましょう。局面が全体として優勢か否かを計る評価関数が重要で，機械学習により決定されます。実は，ここに入力する指標も「２枚の駒の位置関係」といった局所的で細切れの情報の集合となっています。

また，画像認識の入力についても，同様の傾向が見られます。たとえば，数字画像の認識で「９」の文字を認識するとしましょう。中心より上のほうに閉じた円の領域があり，下のほうは左に開いている，といった全体観から得られる情報は入力しません。よく使われるSIFT特徴量では，画像に小ブロックを構成し，ブロックごとに輝度の方向別変化を計って特徴量としています。また，畳み込みニューラルネットワークを使用する場合には画素情報をそのまま入力することが多いですが，最初の層で画像にブロック単位のフィルターを多数設定し，局所的な変化を捉えることが行われています。

さらに，音声認識については，深層学習以前はメルケプストラムという特徴量が主に用いられてきました。それは，低域から高域にわたるスペクトルの全体の形（包絡）を表現する数値の並びです。「あいうえお」などの音声の母音は，フォルマントを含むスペクトルの形で識別できるので，スペクトル全体の形を捉える特徴量が採用されてきたわけです。ところが，深層学習以降は，メルケプストラムはあまり使われなくなりました。代わりに，識別器の最下層において，スペクトルの低域から高域にわたり，規則的で複数の局所的なブロックを配置します。これらのブロックは時間方向にも幅があり，画像のケースと同様にブロック単位のフィルターを多数用意することにより，周波数方向と時間方向の局所的な変化を捉えることが行われています。

さて，このような局所的で細切れの特徴から，なぜ全体を俯瞰したような出力が得られるのでしょうか。それは「深層学習だから」という答えになると思います。識別のための層を多段に重ねることで得られる効果です。多段CNNのように位置の関係が上位の層にわたって維持されているケースも含め，深層学習の層を重ねるごとに，より総合的な判断が行われているとみなすことができます。

「木を見て森を見ず」ということわざがありますが，現代の人工知能はまるで「木を見て森を知る」システムです。【図表C】をご覧ください。多くの人が見知らぬ動物の周りに集まって「前の部分はこんな感じです」，「後ろの部分はこんな感じでした」というバラバラな報告をしており，誰も動物全体の形を

【図表C】　木を見て森を見ず

（出典）　https://ja.wikipedia.org/wiki/%E3%83%95%E3%82%A1%E3%82%A4%E3%83%AB:Blind_men_and_elephant.png

見ていません。比喩になりますが，それらの報告を全部総合して「これはインド象だ」と結論づけることが現代の人工知能のやり方だと言えましょう。

4 専門職と協働する人工知能

いわゆる人工知能が人間を助ける社会になることは，すでに既定路線となっています。今後十年で，その傾向はさらに顕著になっていくでしょう。しかし，それが一般の生活者に実感できる形態になるかというと，そうはならないかもしれません。

【図表D】をご覧ください。人工知能が人間を助けるといっても，２通りのケースがあることがわかります。１つは生活者が直接に人工知能と接するケースで，もう１つは人工知能が専門家の判断を助け，生活者はあくまで人間（専門家）と接するというケースです。前者は，たとえば生活者が商品の使い方に質問があって電話をかけたら，人工知能のエージェントが出てきて「何かお困りですか？」と合成音声で話してくるパターンです。あるいは電話音声でなくても，チャットボットのように，テキスト入力で人工知能と対話するというパターンもあります。

【図表D】 人工知能が介在するパターン

(a) 直接型　　(b) 間接型

これらは現状だと不十分な応対しかしてくれませんが，将来「完全に」動作するように進化すれば，人工知能と人間の関わりとして究極の形態となります。その時，生活者は「社会が人工知能によって変わった」と実感するでしょう。いつの日か人工知能が人間の仕事を奪ってしまうのではないかという人工知能脅威論は，この形態を前提にしています。しかし，この形態が普及するのは限定的な分野にとどまるだろうと筆者は考えています。なぜなら，このパターンは，いかに人間に近づけるかを競っているのであって，細やかさなどの点において人間のエージェントを超えることはないからです。

一方で，後者は，生活者は直接に人工知能と接することはありません。したがって，人工知能が介在していることを実感しないでしょう。しかし，得られるサービス品質が従来の人間ベースを超える可能性があるというメリットがあります。人工知能は膨大なデータで学習しているので，専門家といえども思いつかない複数の視点や材料を専門家に与えることができます。専門家は自らの考えと人工知能からの助言を総合的に判断し，最終的な判断を下せばよいのです。

ここで「木を見て森を知る」のパラドックスを思い出してください。人間は全体観を大事にするので「木を見て」いたとしても，森の中の膨大な木の全部や，１つひとつの部位を意識して見ることはできません。ところが，人工知能はそれらを判断材料に含めることができます。一方で，人間は直感力や常識に優れているので，人工知能と人間の最適な協働が実現します。また，人工知能が人間の仕事を奪ってしまうということもありません。

具体的な例を見てみましょう。2016年には，ゲノムミクス分野の機械学習システムが，急性骨髄性白血病の患者を救ったと報道されました。患者は従来の治療では効果がまったくありませんでしたが，2,000万件以上のがんに関する論文を学習した人工知能が「二次性白血病」という珍しいタイプの白血病であることを突き止め，有効な治療法を適用できたそうです。人間が2,000万件以上の論文を調査して診断に反映させることは不可能ですから，人間のレベルを超えたと言ってよいでしょう。

別の例を見てみましょう。コールセンターにおけるオペレータ支援です。オペレータは顧客との会話の中で，何が問われているのかを定義し，回答を作成します。しかし，顧客からの問い合わせというのは多種多様で，かつ回答すべき内容も簡単にはわからないことが多いのです。ましてや，コールセンターのオペレータという職種は定着率が低いので，知識を習得したオペレータが少ないという問題もあります。したがって，顧客への回答提示にかかる時間はどうしても長くなってしまいがちでした。

【図表Ｅ】に示すシステムは，それを改善するためのもので，顧客とオペレータの会話を音声認識によりテキスト化し，その内容に合致する複数のFAQ（よく聞かれる質問と回答）文書をオペレータの画面に自動表示します。表示される文書は，顧客との会話が進行するに従って更新されます。オペレータはこれらを見ながら，顧客に回答することができるという仕組みです。このシステムはオペレータの動作（どの文書をクリックしたか，あるいは「役に立った」ボタンを押したか）によって，次回からさらに精度よく候補の文書を提示する学習機能を備えています（長野他, 2017）[21]。

【図表Ｅ】 オペレータ支援システム

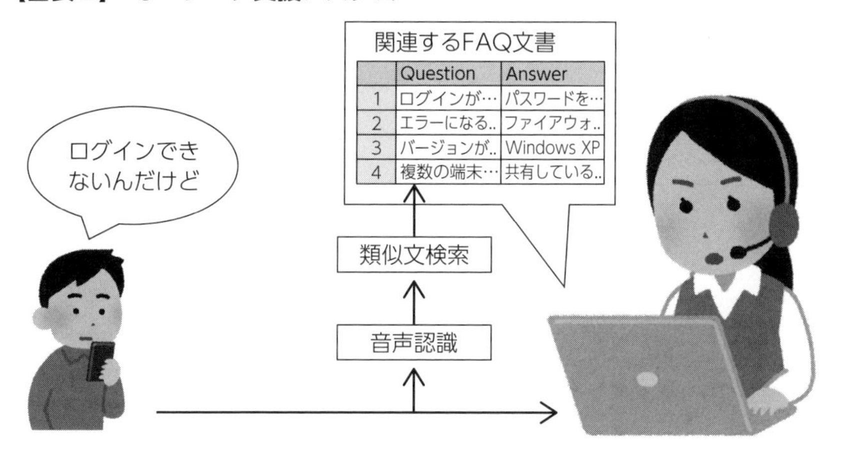

21 長野徹，壁谷佳典，岡原勇郎，吉田一星，倉田岳人，立花隆輝（2017）「音声認識技術を用いたコンタクトセンターオペレータ支援」情報処理学会研究報告2017-SLP-118。

筆者は，この機能が大変重要だと考えています。なぜなら，人工知能は専門職と協働して仕事をする時に，専門職の動作から自ら学び，もっと賢くなるということを示唆しているからです。今後，このようなトレンドが上記の例だけでなく，弁護士や官僚，会計士，薬剤師など多くの専門職に広がっていくことが期待されます。いずれも，膨大な専門知識を要する職種です。「専門職＋人工知能」の組み合わせが重要だと強調する理由がおわかりいただけたでしょうか。

5　完了手続へのAI適用

キーワード

監査意見，審査，監査報告書

監査は監査の依頼から始まり，パイロットテストを経て監査契約の締結，監査計画の策定（アサーションの設定），証拠の入手・評価と進み，最終的に監査報告書を提出することをもって終了します。この一連のプロセスを監査プロセス，また，監査の最終段階を監査の完了手続といいます。

監査報告書の提出に至る監査の完了手続は，おおむね次の３つのステップからなるとされています。

⑴　監査報告書の原案を作成するステップ
⑵　⑴に記載された監査メッセージの適否を，とりわけ選択された監査意見の是非およびその根拠について，当該監査チームに所属していない審査担当者が深度のある審査を行い，承認するステップ
⑶　監査報告書の文言を再度検討し，署名・押印して監査の依頼人に提出するステップ

次世代における監査業務では，各ステップにおいて以下のとおりAIを効果的に活用することが予測されています。

⑴　監査報告書の原案を作成するステップ

【図表26】　監査意見

現　在	将　来	効　果
監査手続で発見されたすべての論点を集計し，論点の影響や相互の関連性などを定性的・定量的に評価したうえで，監査意見を形成する。	重要な虚偽表示リスク，監査手続で発見されたエラー件数および影響額，内部統制の評価結果をもとにAIがスコアを算出することで，監査リスクを自動的に評価し，監査意見形成のための情報を提供する。	従来の定性的な監査意見に，定量的な評価が加えられ，客観的なリスクの把握が可能になり，他社の監査リスクとの比較が容易になる。

⑵　審査担当者が深度のある審査を行い，承認するステップ

【図表27】　審査

現　在	将　来	効　果
監査において審議事項があれば，監査チーム内で検討し，監査パートナーが判断する。	審議事項があれば，AIにも問い合わせを行ったうえで判断する。	人間の判断のみによった場合に生じうる，問題の見落としやミスを防止する効果が期待できる。

⑶　監査報告書の文言を再度検討し，署名・押印して監査の依頼人に提出するステップ

【図表28】　監査報告書

現　在	将　来	効　果
監査基準の様式をもとに結論および監査上の主要な検討事項（KAM）を記載する。	「監査意見」において出力した監査意見形成のための情報や，過去の監査結果およびKAMの記載情報を用いて，AIがKAMの草案を自動で作成する。	AIが作成したKAMの草案を，監査人に提供することで，KAMの記載内容をより品質の高いものにすることができる。

監査に限りませんが，一般的にビッグデータを用いることで，ある程度は正確に未来を予測することが期待されるものの，意思決定を行うために常に十分な量のデータを利用できるとは限らないのが現実の世界です。このため，限られたデータからできるだけ良い意思決定を行うための枠組みについての研究（例：バンディット問題）もなされています。

企業が扱うデータ量もその重要性も年々増していますが，ビジネスの根底および適切な財務報告を支えるデータの信頼性に疑義が生じれば，企業自体に重大な影響を及ぼします。データの信頼性はコーポレート・ガバナンスの観点からも重要です。企業のさまざまな種類のデータの信頼性を客観的に保証することは，現在の技術では難しいとしても，将来はその領域にもAIを活用することが見込まれます。

関連して，監査人の業務も財務諸表監査などの従来型の保証業務のあり方にとどまらず，リアルタイムでのリスク対応手続，被監査会社とのコミュニケーション，未来予測を利用した監査といった領域に活動の幅を広げ，監査人が会計監査のノウハウとAIとを活用し，データやプロセスの信頼性に関する業務を幅広く担うことも予想されます。

財務報告の領域を超え，企業を取り巻くさまざまなデータの保証は企業全体の保証業務となり，それを担う監査人を支えるのは，発展したAI技術と監査人の培った知見，経験です。

講義⑩ 「後悔」の少ない選択をするために―バンディット問題

滋賀大学データサイエンス学部 准教授
岩山 幸治

2011年3月 東京大学大学院情報理工学系研究科博士後期課程修了
博士（情報理工学）
2011年4月 FIRST合原最先端数理モデルプロジェクト 研究員
2014年4月 京都大学生態学研究センター 特定研究員
2015年4月 龍谷大学食と農の総合研究所 博士研究員
2017年4月 滋賀大学データサイエンス教育研究センター 助教
2017年10月 科学技術振興機構 さきがけ研究員（兼任）
2019年4月 滋賀大学データサイエンス学部 准教授

1 はじめに

統計や機械学習の手法を用いてデータを分析する目的の1つは，そこから得られた情報をもとによりよい選択をすることです。それでは，確信をもって選択するに足る情報がデータから得られない場合，どのように選択すればよいでしょうか。また，再び同様の場面に直面したとき，過去の経験を生かすにはどうすればよいでしょうか。今回は，このような問題の定式化とその解法について，簡単に紹介したいと思います。

このような問題は「バンディット問題」として知られ，古くから研究されており，多くのアルゴリズムが現実の問題に適用されてきています。よりよい選択のアルゴリズムの構成やその性能の保証の背景には，やや込み入った理論があります。ですが，今回はそこにはあまり立ち入らず，できるだけ直感的に考え方を理解していただけるよう努めたいと思います。

2 バンディット問題

まずは，たとえ話から始めましょう。あなたはカジノで，スロットマシンをプレイしようとしています。このカジノにはスロットマシンが10台あり，チップを１枚入れてアームを引くと，マシンごとに個別に設定されているある確率でチップが２枚返ってきます。時間に限りがあるため，合計で100回だけアームを引けるとします。さて，できるだけ儲けるためには，どのようにスロットをプレイすればよいでしょうか。

俗な話から始めてしまいましたが，このようなバンディット問題を研究する研究者は，カジノで大儲けしようとしているわけではありません。バンディット問題を抽象化すると「複数の選択肢があり」，「選択した選択肢についてのみ結果を知ることができる」という状況で「選択を繰り返して，累積の利益を最大化，あるいは損失を最小化する」ことを目指す問題といえます。このような問題は，さまざまな場面で見られます。特に近年では，Webページにより長く滞在してもらう，商品をより多く購入してもらう，より多くの訪問者に広告をクリックしてもらうことなどを目的として，Webページのデザインや広告の表示に，バンディット問題の考え方が適用されています。

スロットマシンの例に戻りましょう。もし，当たる確率が一番高い，つまり最適なアームがどれかを知っていれば，そのアームを100回引き続ければ利益は最大化されます。しかし，どのアームが最適かは当然知りえません。最も単純なアイデアは，最初の何回かですべてのアームを同じ回数ずつ引いて最適アームを特定し，残った回数でそのアームを引き続けるというものです。問題は，最適アームを特定するために何回を費やすかです。

たとえば，最初の20回を費やした場合，各アームは２回ずつ選択されることになりますが，これでは最適アームは特定できないでしょう。一方で最初の90回を費やした場合，各アームが９回ずつ選択されるので，アームの間で当たる確率に差があれば最適アームを見つけられるかもしれません。しかし，そのアームを引き続けられるのは残りの10回だけですので，大きな利益は見込めません。

累積の利益を大きくするには，よりよいアームを見つけるために情報の少ないアームを積極的に選ぶ「探索」と，すでによいことがわかっているアームを重点的に選んで利益を得る「活用」という２つの考え方のバランスを取ることが重要となります。上の例では，最適アームを特定するためにすべてのアームを等しく引く行為が探索，その後，特定されたアームを引き続ける行為が活用に当たります。

3 バンディット問題の方策

ここからは，スロットマシンのアームを引いて得られるチップなど，選択の結果を「報酬」と呼び，報酬の累積を最大化することを目指します。報酬は，0以上1以下の連続値を取るものとします。また，各プレイにおいてどのアームを引くかを決定するアルゴリズムのことを，この分野の慣例に倣って「方策」と呼びます。

バンディット問題の方策の性能は，最適なアームを知らなかったために被った損失として定義される，リグレットという量で評価されます。期待される報酬が最も大きな最適アームを常に引き続けた場合に得られたであろう報酬と，実際に選択したアームで得られた報酬の差（の期待値）がリグレットとなります。完全にランダムにアームを引いた場合，リグレットの累積は，期待値としては一定の割合で増えていく，つまりプレイ数に比例して増加します。一方，徐々に最適なアームを引く割合が増えていく場合は，累積リグレットの増加はプレイ数に対し，比例より緩やかなものとなります。以降で紹介する方策では，累積リグレットの緩やかな増加が理論的に証明されています。

スロットマシンの例において，すべてのアームを決まった回数（n）引いた後，最も平均報酬の大きかったアームを引き続ける方策（greedy（n））を取った場合の累積リグレットを【図表A】に細い線で示します。探索に費やす回数によって性能が変わってきますが，最適アームを特定できない限り，探索後の累積リグレットは一定のペースで増加し続けます。

【図表A】　各方策の累積リグレット

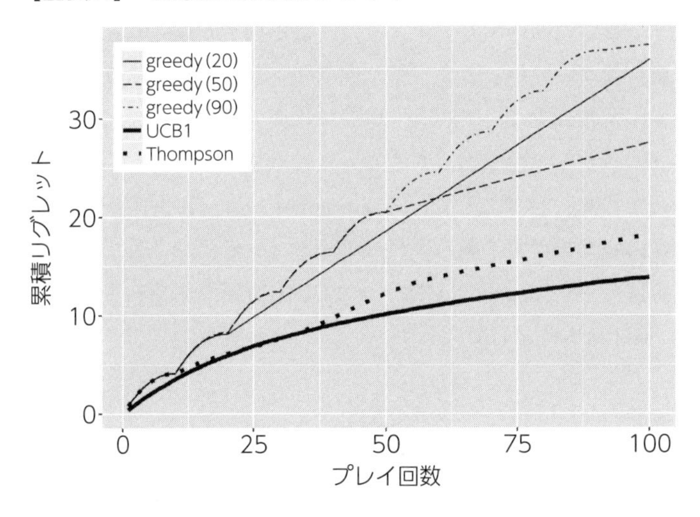

(1)　UCB方策

ここでは,「不確かな時は楽観的に」という原理に基づく方策を紹介します。報酬の期待値は，それぞれのアームを引いて過去に得られた報酬から推定できますが，アームを引いた回数によって推定の確からしさは変わってきます。たとえば，1,000回引いたアームと10回引いたアームでどちらも平均の報酬が同じ0.5だったとしても，その推定の信頼度は大きく異なります。上記の原理に基づけば，期待報酬を楽観的に推定する――すなわち，過去の経験と矛盾しない範囲で最大限の値をそのアームの期待報酬の推定とします。そして，最も大きな報酬が見込まれるアームを選択します。

リグレットが生じる，つまり，最適なアーム以外のアームを引いてしまうのは，そのアームの報酬に関する過大な見積り，あるいは最適なアームの報酬の過小な見積りが原因です。楽観的な方針のもとでは全体的に報酬を高く見積るため，最適なアームの報酬を過小に見積ることはありません。また，最適なアーム以外のアームの報酬を過大に見積ったとしても，そのアームを引き続けることで推定がより正確になっていくので，やがて問題は解消されます。

この方針は，探索と活用のバランスを自然に取ることができます。楽観的な報酬の見積りは，そのアームの報酬が不確かなほど，つまり選択した回数が少ないアームほど大きくなる傾向があります。また，選択回数が増えると，報酬の見積りは本来の値に近づいていきます。したがって，楽観的な見積りによるアームの選択は，まだ情報の少ないアーム，あるいはすでに報酬が大きいことがわかっているアームのどちらかを選択することになります。

このような方策の１つに，UCB（Upper Confidence Bound）方策があります。この方策は非常に有効なので，多くのバリエーションが提案されていますが，ここでは2002年にAuerらによって提案されたUCB1方策を紹介します。

UCB1方策では，各プレイにおいて，

$$u_i(t) = \bar{r}_i(t) + \sqrt{\frac{\log t}{n_i(t)}}$$

を最大にするアームを選びます。ここで，i はアームの番号，t はプレイ回数，r_i（t）はアーム i で得られた平均報酬，n_i（t）はプレイ t までにアーム i を引いた回数です。

アーム i の報酬の真の期待値がu_i（t）以下であれば，平均報酬がr_i（t）以上となる状況が１/ t に比例する確率以上で起こりえます。直感的には，現時点で得られている平均報酬と矛盾しない範囲で最も大きな値を期待報酬と見積り，それが最大となるアームを選択します。模式図を【図表Ｂ】の左側に示します。UCB1方策でアームを引いた場合の累積リグレットは，【図表Ａ】の太い実線で示しています。

【図表B】 UCB1方策とトンプソン抽出

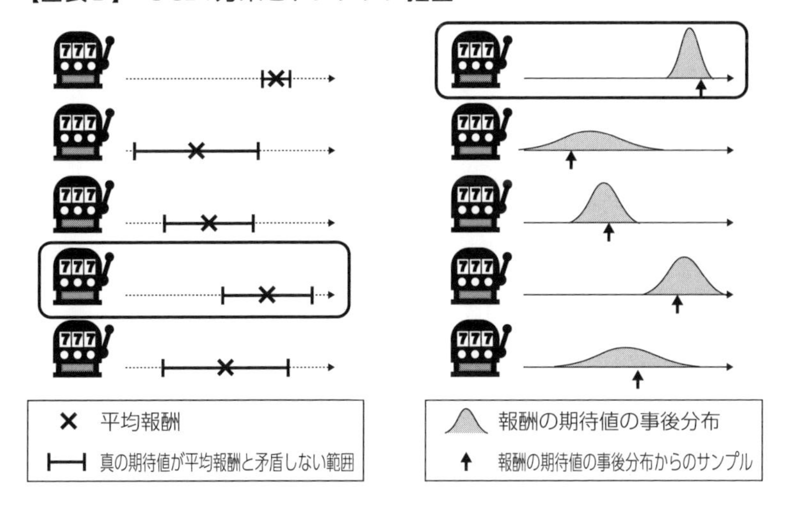

(2) トンプソン抽出

リグレットを抑えるためには，報酬の期待値が大きい可能性が高いアームほどたくさん引き，逆にその可能性が低いアームはあまり引かないことが求められます。そのためのシンプルな方策として「そのアームの報酬の期待値が最大である確率」に従って，アームをランダムに選択するというものがあります。

各アームの報酬は，ある確率分布P（$r \mid \theta_i$）に従ってランダムに決まると仮定します。ここで，θ_iはアームiの報酬の分布を決めるパラメータで事前分布P（θ_i）に従うと仮定します。アームiをn_i回引いて$r_{i1}, r_{i2}, \cdots, r_{in_i}$という報酬が得られたとき，パラメータの事後分布が，

$$\mathrm{P}(\theta_i|r_{i1},\cdots,r_{in_i}) = \frac{\mathrm{P}(r_{i1}|\theta_i)\mathrm{P}(r_{i2}|\theta_i)\cdots\mathrm{P}(r_{in_i}|\theta_i)\mathrm{P}(\theta_i)}{\mathrm{P}(r_{i1})\mathrm{P}(r_{i2})\cdots\mathrm{P}(r_{in_i})}$$

と求められます。アームを引いた結果があれば，そのアームを引いたとき，どういった確率で報酬が得られるかを推定できます。

あるアームを引いたときに得られる報酬（が従う確率分布のパラメータ）に

ついては，推定できました。それでは「あるアームの期待報酬が最大である確率」はどうやって求めればよいでしょうか。結論からいえば，そのような確率を求めることは非常に困難です。しかし，その確率を直接求めることなく，「そのアームの報酬の期待値が最大である確率」に従ってアームを選択することができます。それを実現するのがトンプソン抽出[22]です。

トンプソン抽出は，次のようにしてアームを選択します。まず，上で求めた各アームについての事後分布P（$\theta_{\mathrm{i}} \mid r_{i1},\cdots, r_{in_i}$）から，報酬が従う確率分布のパラメータのサンプルを抽出します。事後分布が一般的な確率分布であれば，その分布に従う乱数を生成する関数が多くのプログラミング言語で実装されています。このパラメータを使って各アームの報酬の期待値の事後分布からのサンプルを計算し，それが最大であるアームを選択します。この操作の模式図を【図表B】の右側に示します。

【図表A】の太い点線が，トンプソン抽出でアームを選択した場合の累積リグレットです。この例においては，UCB1方策よりもやや劣るものの，累積リグレットの増加が徐々に緩やかになっています。

4 おわりに

本稿では，基本的なバンディット問題の設定と方策について紹介しました。バンディット問題は，実際に適用する問題の設定に応じて，さまざまなバリエーションや拡張が研究されています。たとえば，報酬の最大化ではなく最適なアームを特定することが目的の場合，問題は最適腕識別として定式化されます。Webページのデザインなどによく用いられるA／Bテストなどは，最適腕識別の最も単純なケースといえるでしょう。最適腕識別における有効な方策は，報酬の最大化を目指す通常のバンディットとは異なります。

アーム，つまり選択肢の数が膨大な場合，探索ですべての選択肢を網羅することは困難となります。選択肢の間に何らかの関係があるならば，類似した選択肢で得られた報酬の情報をもとに，一度も選択されていない選択肢について

22 D. Russo et al.（2018）Foundations and Trends in Machine Learning, 11, 1-96.

も報酬を推定することができます。このような問題はベイズ最適化[23]として知られ，センサの配置，ロボットの制御，材料開発，機械学習におけるハイパーパラメータのチューニングなど広い分野に適用されています。筆者も，農業における最適栽培条件の探索に応用する研究を行っています。

今日，私たちは膨大なデータと計算資源さえあれば，ある程度正確に未来を予測することができます。正確な予測に基づけば，より的確な意思決定を行うことができるでしょう。しかし，常に膨大なデータを利用できるとは限りません。データの利用価値が広く認識されるようになった現代だからこそ，限られたデータを生かしてよりよい選択をしようとするバンディットのような方法論がますます重要となっていくかもしれません。

23 B. Shahriari et al.（2016）Proceedings of the IEEE, 104, 1460175.

6 まとめにかえて～「新しい監査・会計実務者像」とは

キーワード

プロフェッション，ITイノベーション，継続監査，データサイエンティスト

(1) プロフェッション

「プロフェッション」という「専門職」を意味する言葉があります。人工知能（AI）が活用される今日の情報社会は，同時に知識社会でもあります。監査および会計の専門家としての公認会計士を含むあらゆる専門職は，社会において知識の管理・活用を任されている「門番（gatekeeper)」と説明されることがあります。

人間は生きていくために必要なあらゆる知識を自分ひとりで頭に詰め込み，活用することはできません。このため，社会は「専門家」と呼ばれる人々に個々の専門領域における知識の管理を任せ，その役割に見合ったある種の特別な地位（たとえば公認会計士という資格）を与えます。

時代を超えて必要となる「社会の中で専門知識を行き渡らせ，活用する仕組み」との観点から，社会における門番としての専門職の伝統的な役割を念頭に置いたとき，今後AIを中心とした情報技術（IT）におけるイノベーション，技術革新によりどのような点が変わり，または変わらないのでしょうか。

(2) ITイノベーションにより変わる役割

飛躍的な進歩を遂げたITの活用により，「印刷を基盤とした産業社会」は「テクノロジーを基盤とした情報社会」へと変貌を遂げつつあり，知識の生産や流通のあり方が大きく変わっています。

新しい社会では，知識の門番たる専門家の役割も大きく変わります。

まず，仕事はこと細かなタスクに細分化されます。単独で会計から税務まで，また営利企業から非営利組織，個人まであらゆる専門分野をカバーする，“スーパーマンのような会計士”像は，今日ではほぼ考えられなくなりました。

次に，他の人々に任せることができるものは委託されることとなり，またその一部はより高度に進化した機械により置き換えられます。会計事務所や職業的な専門家団体では，ビッグデータの分析にITを活用するための検討を以前から進めてきています。

さらに，こうした中で，知識を生産，流通する新たな手法が生まれます。これまで職業として専門職に携わってきた人も，その中で新たな役割を見出すようになることが求められ，伝統的な手法を引きずっていくとすれば社会の要請にそぐわないこともありうると思います。

監査の分野においても，これまでのような母集団から一部を抽出する，試査を前提としたアプローチに限定されず，母集団の全件調査が視野に入ってきています。また，監査の実施時期についても従来のような企業の決算期を繁忙期とし多くの手続を集中して行う考え方に代わり，期中から個別取引を日々監視し検証していく継続監査（continuous auditing）が研究，試行されています。

これらの変化はITイノベーションによって支えられるもので，その恩恵であるデータ分析の高度化は，これからが正念場です。特に監査の領域ではそれを実施する会計士のみによって成り立っているわけではなく，規制動向をも含めた外部環境により大きな影響を受けますので，監査基準の改訂などの対応も求められることとなります。

(3)　ITイノベーションによっても変わらない役割

こうした変化にもかかわらず，「社会の中で知識をどのように活用していくか？」，「人は社会の中でどのようにして専門知識を伝達しているのか？」との問いは，技術が発展し時代が変われども普遍的なテーマであり，変わることはありません。

すべての専門家は，こうした問いに対する解決策を提供する者として存在します。

ITイノベーションの結果として性能が進化した機械は，思考力をもっていないとしても非常に高いパフォーマンスを備えています。こうした中で「あらゆるタスクを，人間の専門家と同じレベルで行えるようになるだろうか？」，「必ず人間により行われなければならないタスクがあるだろうか？」が問題となります。「技術的失業」の可能性という問題です。

監査や会計の知識を具体的に社会でどのように利用していくのか，また，分野ごとに細分化され深度をもつ専門知識や新たな知見についてどのように専門家以外の人々（たとえば被監査企業や投資家等）との間でコミュニケーションしたらよいのかについて，機械が有効な答えを提供するのは難しいと考えられます。

ここに人としてのプロフェッションの意義が認められると考えられます。つまり，「いかにして高性能の機械を活用し，社会に役立つ専門知識や知見を還元していくのか」は，人間のみが解決できる高度な問いであると思われます。

会計や監査分野において最終的に行う人の判断を正確かつ迅速に行うため，データ分析の専門家としてもITイノベーションの成果を主体的に利用していくことが求められます。

(4) 次世代に向かって

もっとも，人間による問題解決を遂行するためには，機械または技術やそれらの背後にある理論的背景についてもよく知っていなければなりません。

今日「AI」という言葉が用いられる場合，統計的機械学習を指していることが多いと思われますが，それらを支える理論的な裏づけは公認会計士試験の選択科目でもある統計学であり，高校数学の知識です。さらにそれらを支えるのは，各科目の試験を通じて公認会計士試験でも試されている論理的思考力です。

ITイノベーションの結果としてますます複雑化している資本市場において，公認会計士も新しい動きに対応できるよう，従来からの会計学の領域にとどまらず，さらに広い視野で研鑽していくことが求められています。

現在の財務諸表監査の現場では，増大した被監査会社のデータ加工・分析処理に多くの時間がかかっているという現状があり，監査人の労働時間が増加する一因になっていることが指摘されてきました。このような膨大な量のデータを容易に処理することが可能な加工・分析ツールも発展してきており，監査現場への導入が推進されてきています。

しかしながら，「データの標準化」という課題を抱え，AIの導入は難航していると言わざるをえません。また，より根本的なデータの正確性や網羅性，正当性といった観点から「データの信頼性」を検証するツールはまだ出てきていません。

企業が扱っているデータの量も，またその重要性も年々増していますが，将来，ビジネスの根底となる適切な財務報告を支えるデータの信頼性に疑義が生じれば，企業自身に重大な影響を及ぼすことになり，データの信頼性の担保はコーポレート・ガバナンスの観点からも重要となっています。企業のさまざまなデータの信頼性を客観的に保証することは，現在の技術では難しいものの，将来はその領域にもAIが活用されると見込まれます。

これに関連して，監査人の業務も財務諸表監査に代表される伝統的な保証業務にとどまらず，リアルタイムでのリスク対応手続，および被監査会社とのコミュニケーション，その先の未来予測を利用した監査といった領域に活躍の幅を広げ，監査人は会計監査のノウハウとAIを活用し，データやプロセスの信頼性に関する業務を幅広く担うことになることが期待されています。

いわゆる「データサイエンティスト」の育成の必要性が説かれることがありますが，それは決して一朝一夕に行えることではありません。その基礎は中等教育での数学，情報などの科目にあり，とりわけその後の高等教育機関における教育や研究の機会を整備することが重要です。日本の大学はこの領域において世界に大きく後れをとっているといわれてきました。こうした中，2017年，最初のデータサイエンス学部を設立した大学における人材育成のモデルケースを以下でご紹介しています。

講義⑪ 日本におけるデータサイエンティスト育成の必要性

滋賀大学 学長
竹村　彰通

1976年３月　東京大学経済学部卒業
1978年３月　東京大学大学院経済学研究科修士課程修了
1982年９月　米国スタンフォード大学統計学部Ph.D.取得
スタンフォード大学統計学科客員助教授，パーデュー大学統計学科客員助教授を経て
1984年６月　東京大学経済学部 助教授
1997年４月　同教授
2001年４月　東京大学大学院情報理工学系研究科 教授
2016年４月　滋賀大学データサイエンス教育研究センター長
2017年４月　滋賀大学データサイエンス学部長
2022年４月　滋賀大学 学長

1　はじめに

滋賀大学では，日本におけるデータサイエンティスト育成の観点から，2017年４月に日本で最初にデータサイエンス学部を設立いたしました。また，PwC Japan有限責任監査法人と，データサイエンスの分野に関する研究について協定を締結し，連携と協働を進めていくこととしています。

本稿では，データサイエンスという分野の特徴やその重要性，わが国におけるデータサイエンス分野の現状と課題についてのご紹介とあわせて，私たち滋賀大学が目指すデータサイエンティスト育成の方向性，および期待している経済活動への効果や将来像について紹介します。

2　滋賀大学データサイエンス学部の経緯

滋賀大学データサイエンス学部は，データサイエンス分野の日本初の学部として2017年４月に開設され，定員100名に対して新入生110名を迎え入れることができました。長らく教育学部と経済学部の２学部体制だった滋賀大学は，以

前より第３学部構想を持っていましたが，データサイエンスに対する社会からの需要の急激な高まりを背景として，佐和隆光元学長のリーダーシップのもと，2014年からデータサイエンス学部新設構想を打ち出しました。そして，２年半ほどの短い準備期間で新学部を設立することができました。

データサイエンス学部構想がこのように短期間で実現したのは，この分野での日本の立ち遅れが最近になって強く認識されるようになったからです。たとえば，科学技術イノベーション総合戦略2015では「欧米等と比較し，データ分析のスキルを有する人材や統計科学を専攻する人材が極めて少ないという危機的状況」としています。また，日本再興戦略2016では「ビッグデータ時代を迎え，データの利活用により付加価値を生み出す新事業・新サービスの創出が重要，第４次産業革命を支える基盤技術：AI，ビッグデータ，IoTなど」としています。文部科学省も，滋賀大学の新学部構想を「人文社会系大学から文理融合型大学への転換に向けた先行モデルを提起」するものとして，2015年度の国立大学改革強化推進補助金の事業に選定し，構想を後押ししてくれました。

筆者自身は，2014年末に佐和元学長より新学部設立の中核となってほしいとの依頼を受け，2015年５月より前職の東京大学と滋賀大学との併任を開始しました。そして，2016年４月には，新学部に１年先行して設置されたデータサイエンス教育研究センターのセンター長として滋賀大学専任となり，新学部の準備やセンターのプロジェクト研究の体制整備に携わりました。

3　データサイエンスにおける日本の立ち遅れ

データサイエンスはいわゆる「ビッグデータ」を対象とする新しい学問分野です。コンビニのポイントカード，インターネットの通信販売，スマートフォンを用いたメッセージ交換などの利用により，大量かつ多様なデータがコンピュータネットワーク上に蓄積されるようになってきました。このようなビッグデータの蓄積は比較的最近のことであり，ここ10年ほどで世の中の情報インフラがすっかり変わってしまったように思われます。これにより，これまでの出版業やマスコミなども大きな影響を受けています。このビッグデータをうまく利用して，そこから価値を引き出し新しい魅力的なサービスを生み出した企業が世界的に成功しています。動画のオンデマンド配信なども一般的となってきました。これらの企業は，消費者行動に関するデータを蓄積し，データを分析することによってさらに新たなサービスを生み出すことにより成長しています。インターネットの通信容量と速度の増大により，国外との通信も大容量かつ高速となっており，データを蓄積するストレージコストの低下とも相まって，いわゆるクラウドサービスのようなサービスは国境と無関係に展開されています。そのような中で，日本企業の存在感は薄く，日本はこの分野で大きく立ち遅れているのが現状です。

このような現状を理解するには，ビッグデータを鉄鉱石や原油のような新たな経済的資源と考えることも有用です。すでに挙げた消費者の購買行動のみならず，多くの経済的な取引がネットワークを通じてデジタルの形で行われるようになってきている現状の中で，それらの取引記録を集積したビッグデータから多くの情報が得られ，ビッグデータが付加価値の源泉となりうることは明らかです。しかしながら，データサイエンスの現状について企業の方々から状況を伺いますと，日本の多くの企業では最近になって多量のデータが取れるようになっているものの，それをなかなか生かし切れていないというのが現状のようです。データを生かせない主な原因は，データ分析のできる人材（データサイエンティスト）の不足にあると思われます。このような状況では，データという宝の持ち腐れです。一方，ビッグデータを活用して世界的に成功している企業では，データサイエンティストを大量に採用し，最近のキーワードとなっている人工知能技術をはじめ，ビッグデータからの価値創造のための技術開発に巨額の投資を行っています。日本との差はますます広がっているといってもよいでしょう。

4　統計学分野の現状

ここで，筆者の専門である統計学の分野につきまして諸外国，特にアメリカと日本の状況を比較してみましょう。日本にはこれまで統計学を専門に教える学部は存在していませんでした。これに対して，アメリカでは100程度の学部・学科があり，さらに大学院レベルでは生物統計専攻が多く存在します。イギリスでも50程度，韓国にも50程度の学部・学科があります。2017年の１月に滋賀大学で開催した国際研究集会における中国人民大学の袁卫（YUAN, Wei）教授の講演によれば，中国では統計学部・学科はすでに300以上あり，さらに増えつつある現状とのことです。このように，アメリカと中国の間に挟まれて，日本は極めて特異的な状況になっています。

【図表Ａ】はアメリカでの統計学あるいは生物統計学の学位授与数の推移です（アメリカ統計学会ニュースレター2016年10月号より）。2015年には修士号が年間3,500名程度，学士号が年間2,500名程度，授与されていることがわかります。それより顕著なのは伸びの速さです。日本では，滋賀大学で2021年３月にようやく100名の学士卒業生を送り出しましたが，統計学の分野で日米の差は開く一方といっても過言ではありません。中国でも同様の状況です。

【図表Ａ】　アメリカにおける統計学および生物統計学学位授与数

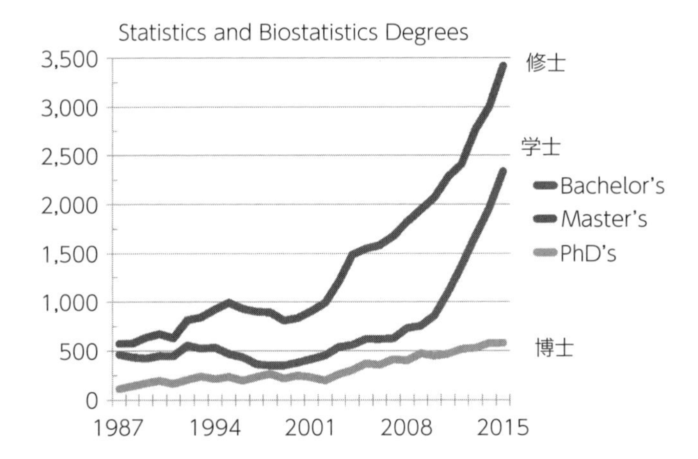

このようにアメリカや中国で統計学の学位の人気が上がっているのは，IT系の著名な企業などにおけるこの分野の人材の需要が非常に大きいからです。経済誌Forbesには，給与や職場の満足度などに基づき，さまざまな分野の修士号のランキングが定期的に掲載されていますが，2016年の結果では１位が生物統計学，２位が統計学，となっています。これは2016年のみの結果ではなく，

ここ数年，統計学関連の修士号のランクはほぼトップの状況で推移しています。そして，アメリカにおいてはこのような社会的需要はたとえば初任給にも直接反映され，需要の多い分野へ学生がシフトしていきます。日本の採用慣行にはメリットも多いですが，新しい分野への人材のシフトという側面では保守的な傾向が強いといえます。ただし，データサイエンスに関しては日本でもようやく状況が変わりつつあり，データサイエンティストの中途採用については，人材の獲得競争が生じており「人がとれない」といわれています。

5　滋賀大学データサイエンス学部の育成人材像

ここまで，データサイエンス分野の日本の遅れについて説明してきましたが，ここからはこのような状況を打開するために，滋賀大学データサイエンス学部がどのような人材育成を考えているかについて述べていきます。育成人材像の明確化は，日本初のデータサイエンス学部構想を文部科学省に提出するためにも必須の作業でした。

データサイエンスはビッグデータを対象とする新しい学問分野ですが，教育内容のすべてが新しいというわけではありません。データサイエンスの要素技術は統計学と情報学です。統計学をデータアナリシス，情報学をデータエンジニアリングと呼んでいます。統計学は歴史のある学問分野ですが，その中でもコンピュータを多用する比較的最近の手法がデータサイエンスにとって重要です。情報学についても，情報学一般というよりは，データベースなどのコンピュータによるデータ処理の技術が重要です。これらの要素技術は，理系的なものであるということができます。

一方で，データサイエンスの対象であるビッグデータのうち，価値創造の余地の大きいデータは，比較的最近になって直接観測できるようになった人々の購買履歴やインターネットの閲覧履歴などの人間の行動に関するデータです。したがって，データサイエンスの応用分野は主に文系的であるということができます。

もっとも，遺伝子情報や気象データなどの理系的な分野のデータもビッグデータとして重要であり，ビジネスの観点からも，遺伝子情報を用いた新たな健康管理サービスなどが提供されるようになっていることに注目する必要があります。実は，最近では文理を問わず非常に多様な分野でデータが得られるようになっており，文理という区別自体にあまり意味がないとも考えられます。データ自体を出発点とする観点から，特定の分野のデータのみを扱うのではなく，複数の分野の多様なデータを自由に組み合わせる発想のほうが有用です。このように，データサイエンスはすぐれて文理融合的な分野といえます。

6　データサイエンスの３要素

【図表Ｂ】は滋賀大学データサイエンス学部の人材育成の考え方を説明する際に用いている概念図であり，「滋賀大モデル」と呼んでいます。理系的なデータアナリシスとデータエンジニアリングの基礎の上に，データから新たな知見を得て，ビジネスや政策などの文系の領域で現場の意思決定にも生かせるような価値創造を重視している点が，滋賀大学データサイエンス学部の特徴です。データアナリシス，データエンジニアリング，価値創造の３つの要素をデータサイエンスの３要素と呼んでいます。

【図表Ｂ】　データサイエンスの３要素

データアナリシス
大規模データを分析・解析
するための
専門知識とスキル
（統計学）

データエンジニアリング
大規模データを加工・処理
するための
専門知識とスキル
（情報工学・コンピュータ科学）

新たな知見

価値創造
ビジネスや政策などの領域で課題を読み取りデータエンジニア
リングとデータアナリシスにより得られた知見を
現場の意思決定に生かして価値を創造する
（演習：領域分野での成功体験）

滋賀大学データサイエンス学部に入学する学生は，まず1年生のうちにデータアナリシスとデータエンジニアリングの基礎的なスキルを身につけることが要求されます。また，これらに必要な数学も学ばなければなりません。これらの分野に苦手意識を持つ新入生もいると思われますが，これらは価値創造のための道具であり，その先の応用を見据えて学ぶことにより，勉学のインセンティブを保つことができるよう配慮しています。そして，これらのスキルの上に価値創造力，すなわち社会の実際のデータを分析し有用な情報を引き出すことのできる力を身につけて社会に巣立っていくことを期待しています。このようにデータサイエンスの3つの要素をバランスよく身につけた人材が望ましいデータサイエンティストです。滋賀大学データサイエンス学部は，日本初の本格的・体系的なカリキュラムによりデータサイエンティストを育成しています。

実際にはデータサイエンスの3要素を学部段階ですべて深く習得するのは困難です。特にデータアナリシスとデータエンジニアリングの最先端の手法やアルゴリズムの習得や研究開発は，大学院レベルの内容となります。しかしながら，データサイエンス学部の卒業生は，データサイエンスの3要素をバランスよく身につけていることが重要です。これは，日本の企業においてデータサイエンティストが置かれている現状が1つの理由となっています。

実は，アメリカにおいては，理系的な要素技術であるデータアナリシスとデータエンジニアリングのスキルがあれば，データサイエンティストとして企業で十分活躍することができます。それは，企業側にそのような人材を生かせるようなチームがすでに存在するからです。一方，日本では，長いこと統計学が中等教育や大学教育においてあまり教えられていなかったという事情もあり，データ分析の結果をそのまま数字で示しても，企業で有効に活用されるとは限りません。

データ分析の結果を根拠としつつも，現実の課題に対して具体的な改善方法を示すなど，価値創造を含めたコミュニケーション能力が求められます。したがって，日本のデータサイエンス教育では価値創造の部分をいかにカリキュラムの上で充実させるかが重要です。

7　価値創造教育のための企業等との連携

価値創造を大学教育で実現するのは実は容易なことではありません。企業秘密や個人情報の問題があり，企業が実際に扱っているデータを大学教育でそのまま用いることが困難だからです。このような困難はあるものの，学生がデータからの価値創造を身につけるためには，個人情報の秘匿などの適切な処理を加えたうえで，企業や地方自治体の実際のデータを分析する経験を積むことが重要です。このため，滋賀大学データサイエンス学部では，経済学部のOB会の支援なども得て，さまざまな企業や自治体と連携しています。このような連携活動は新聞等でもしばしば報道されるようになりました。たとえば，2017年３月２日には日本経済新聞社との共催で日経ユニバーシティー・コンソーシアム「データサイエンスが拓く未来フォーラム2017」を日経カンファレンスルームにて開催し，その内容は2017年３月24日の日本経済新聞朝刊の全面記事として紹介されました。滋賀大学のデータサイエンス学部のカリキュラムにおいては，実際のデータを用いた実習を重視しており，１年生のデータサイエンス入門演習から４年生の卒業演習まで，学生は４年間を通して一貫した演習でデータ分析の成功体験を積むことができます。

8　逆Π型人材の考え方

【図表Ｂ】では，データアナリシスとデータエンジニアリングが図の上側にありましたが，これらを基礎的なスキルと見ると，【図表Ｂ】の上下を反転して，【図表Ｃ】のように図の下側に示すほうが「基礎」としては適切です。【図表Ｃ】の「データサイエンスの専門知識とスキル」はデータアナリシスとデータエンジニアリングを示します。滋賀大学データサイエンス学部のカリキュラムでは，これらのスキルを先に学び，そのうえでさまざまな分野のデータから価値創造を経験する流れとなっています。【図表Ｃ】では，それぞれの応用分野（固有の専門領域）を縦棒で表しており，学生には複数の領域を経験させることとしています。【図表Ｃ】の形は，ギリシャ文字のΠ（大文字）を逆さまにしたように見えます。育成人材像として，データサイエンスの専門知識とスキルを基礎として，その上にさまざまな領域のデータを扱うことのできる人材を「逆Π型人材」と呼び，滋賀大学の育成人材像を説明するときのキーワードとしています。

【図表C】　逆Π型人材

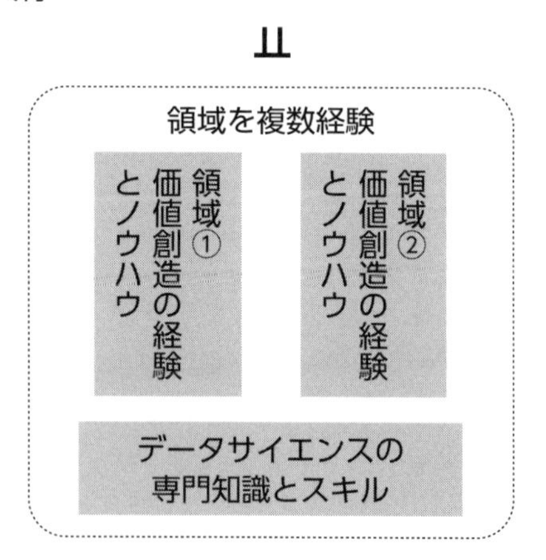

9　横串の手法と縦串の手法

【図表C】では，統計学や情報学からなるデータサイエンスのスキルを横棒で表していますが，これは統計学や情報学が多くの分野で共通に用いられる汎用的あるいは「横断的」な手法であることに対応しています。たとえば統計学では，回帰分析という１つの手法が，経済学でも医学でもほぼ同様の形で用いられます。数学は，さらにより基本となる横串の手法です。このように，多くの分野で共通に用いられる手法を「横串の手法」と呼ぶことにします。これらに対して，それぞれの固有の専門領域や，それらの分野で用いられる手法を「縦串の手法」と呼ぶことにします。日本の教育では，理系と文系の区別など，これまで縦割りの考え方が強かったといえます。そして，統計学などの汎用的な手法は「後から必要に応じて勉強すればよい」と考えられてきました。これが日本で統計の学部や学科が存在しなかった理由の１つとなっています。縦串の固有の領域は，それぞれの独特の考え方や概念を持ちます。そのような個別分野の専門性は重要なものですが，一方で分野の固定化を生む傾向もあります。それに対して，横串の手法は新たな分野にも応用できる柔軟性があります。ここで重要な点は，最近のイノベーションには，縦串より横串の手法のほうが，より貢献が大きいと思われるということです。この観点からは，逆Π型人材は，今後より求められる人材であると考えられます。

10　データの流通の重要性

もう１つ論点として考えておくべき点は，データの流通です。すでに述べたように，日本でも多くの企業でデータが取れるようになっています。しかしながら，インターネットで大きな成功をおさめている世界的な企業のデータ集積力と比較すると，規模が圧倒的に小さく，ビッグデータという資源を少数の企業が独占するような状況が生じています。このような状況を打開する１つの方法は，個々の企業の持つデータを流通させる仕組みや「データのマーケット」を作ることです。データの流通が図れれば，資源の独占のような状況を緩和することが可能となると考えられます。

11　滋賀大学データサイエンス学部の今後

滋賀大学データサイエンス学部の人材育成の考え方やモデルは，社会から高く評価されています。2016年12月には文部科学省の「数理及びデータサイエンスに係る教育強化」の６拠点校の１つとして，北大，東大，京大，阪大，九大とともに選定されました。これも滋賀大学のデータサイエンス学部の体系的かつ本格的なデータサイエンス教育の方向性が評価されたためです。６拠点の申請内容は【図表D】のようになっています。滋賀大学データサイエンス学部が注目されていることもあり，他の大学でのデータサイエンス学部構想なども多く発表されるようになってきました。今後さらに多くの大学がデータサイエンス教育を充実してくると予想されますが，先行者利得を生かし，滋賀大学はこの分野のトップランナーであり続けることを目指しています。

滋賀大学は学部を先に新設しましたが，2019年４月には大学院データサイエンス研究科を設立しました。研究科を設立する目的の１つとして重要視したのは，社会人の再教育です。企業の方とお話ししていると，データサイエンスに対する社会的な需要の大きさを実感します。企業の担当者は，「最近データがたくさん取れるようになったがまだまだ活用できていない」，「データサイエンティストがぜひ必要だ」といわれることが多いです。そして，企業内の人材の再教育についても問い合わせが多くなっています。社会人再教育のためにも，大学院の早期設置を進めました。

【図表D】「数理及びデータサイエンスに係る教育強化」拠点大学選定校一覧

NO	大学名	事 業 名
1	北海道大学	数理的データ活用能力育成特別教育プログラム ～データサイエンスセンター（仮称）の設置～
2	東京大学	数理・情報教育研究センターの設立
3	滋賀大学	データサイエンス教育の全学・全国への展開 ―データリテラシーを備えた人材の育成に向けたカリキュラム・教材の開発―
4	京都大学	データ科学イノベーション教育研究センター構想 ―21世紀のイノベーションを支える人材育成―
5	大阪大学	数理・データ科学の教育拠点形成
6	九州大学	「数理・データサイエンス教育研究センター（仮称）」構想

■第２部６の参考文献

Susskind, R. and Susskind, D (2015) "The Future of the Professions How Technology Will Transform the Work of Human Experts" Oxford University Press.

リチャード・サスカインド，ダニエル・サスカインド（小林啓倫訳）『プロフェッショナルの未来　AI，IoT時代に専門家が生き残る方法』（朝日新聞出版，2017年）

■第２部全体に関する参考文献

神崎時男「人工知能（AI）が公認会計士業務に及ぼす影響～公認会計士はいなくなるのか～」日本公認会計士協会東京会研修出版部
※研修資料

鳥羽至英・秋月信二・永見尊・福川裕徳『財務諸表監査』（国元書房，2015年）
※2021年に本書の改訂版が刊行

PwCあらた有限責任監査法人「監査の変革　2021年版」（ウェブサイト公開）
https://www.pwc.com/jp/ja/knowledge/thoughtleadership/audit-change2021.html

鳥羽至英・秋月信二『監査を今，再び，考える。：監査を考える原点は何か？』（国元書房，2018年）

補論　Society5.0におけるアジャイル・ガバナンスとトラスト

はじめに：Society5.0のゲームチェンジ

2021年12月24日，わが国において「デジタル社会の実現に向けた重点計画」が閣議決定されました。この計画には，No one left behindにはじまり，国際戦略（DFFT：Data Free Flow with TRUST）が明記されています。そして，デジタル社会を形成するための10原則，デジタル手続法で明確化している行政サービスのオンライン化実施の３原則が簡潔に整理・共有されています。

この原則からも感じ取れるように，サイバー・フィジカルが融合するSociety5.0では，これまでのSociety4.0とはゲームプレイヤー，ルールが大きく変わります（【図表１】）。

【図表１】　Society5.0の世界～プレイヤーと役割が劇的に変わり，ゲームチェンジが起こる～

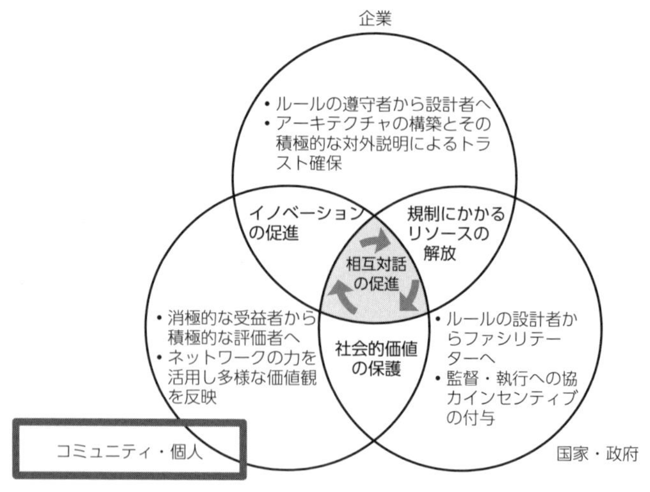

（出所）　経済産業省『GOVERNANCE INNOVATION Society5.0の実現に向けた法とアーキテクチャのリ・デザインver.1.1』（2020年）

これからの世界では，政府，企業，コミュニティ・個人の３つが，アジャイルに補完しあったり，協創しあったりすることが，非常に重要になります 。

DX認定やDX銘柄等の基礎となっているわが国の「デジタルガバナンス・コード」では，ビジョン・ビジネスモデル，ガバナンスシステム等にいたる項目のすべてにおいて，その本文中に「ステークホルダー」という単語が含まれていますし，中堅・中小企業等向け「デジタルガバナンス・コード」実践の手引きも公開され，いよいよデジタルでの価値協創が本番を迎えています。

アジャイル・ガバナンスとは？

経済産業省から公開された「アジャイル・ガバナンスの概要と現状」報告書では，アジャイル・ガバナンスを次のように定義しています。すなわち，「政府，企業，個人・コミュニティといったさまざまなステークホルダーが，自ら

【図表２】　アジャイル・ガバナンス～ガバナンス・オブ・ガバナンス：「○○ガバナンス」を組み合わせる～

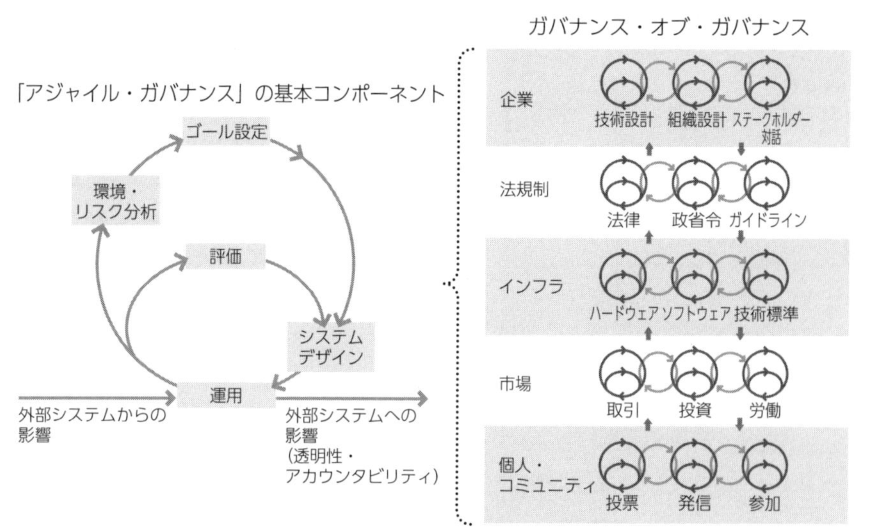

（出所）　経済産業省『GOVERNANCE INNOVATION ver.2.0アジャイル・ガバナンスのデザインと実装に向けて』（2021年）

の置かれた社会的状況を継続的に分析し，目指すゴールを設定した上で，それを実現するためのシステムや法規制，市場，インフラといったさまざまなガバナンスシステムをデザインし，その結果を対話に基づき継続的に評価し改善していくモデル」です（下線は筆者が追加）。このモデルでは，【図表2】のように，さまざまな仕組みや仕掛けが相互に関連し，影響しあって時々刻々と変化していくことの重要性が整理されています。

Know HowとKnow Whoのリバランス

企業や組織が，さまざまなステークホルダーとの価値協創を実現するためにグループの境界線（連結の範囲，と言い換えても良いかもしれません）を乗り越えて，さまざまなコラボレーションを健全な形で進めていくためには，どのような工夫が必要なのでしょうか。

この問いに答えるヒントの１つは，「Know How」と「Know Who」のリバランスにあると考えられます（【図表3】）。

【図表3】 この変化に，どのように向き合うか？

今まで

Know How
（何を知っているか？）

＋

これから

Know Who
（誰を知っているか？）
（誰に知られているか？）

ガバナンスの観点からの変化

✓ 知的資本をどう共有・蓄積・活用していくか？（Know How）

＋

✓ 人的資本・社会関係資本をどう共有・連携・蓄積・活用していくか？（Know Who）
（「数」＋「質」⇒特に，「耳の痛い」助言を多角的かつ早期に得られることは，「トラスト」の空白域を適時に察知し，適切なアシュアランスを確保する上で非常に有効）

ダイバーシティ＆インクルージョンを進めていくことで，企業もそのメンバーも，これまでの「会社の常識」にとらわれず，「社会の常識」を，企業の境界線を越えて企業の中へ積極的に持ち込みやすくなります。また，誰を知っているか，誰に知られているか，という人的ネットワークをもとに，自社にとって耳の痛い不都合な真実や不具合の兆候を社外から少しでも早くつかむことができれば，自社のPDCAサイクルを高速で回し修正・更新をしていくことができるようになります。

トラストの空白域を探すことからすべてが始まる

それぞれのステークホルダーが，日々新しいイノベーションを生み出していくなかで，どのように関連するさまざまなステークホルダーとコラボレーションをしていくことができるのでしょうか？

価値協創を継続するためには，【図表４】に示すとおり，３つの問いを念頭に置くこと，すなわち，常にトラストの空白域を模索し，空白域を埋める最善の組み合わせ・方法を検討することが有意義です。この取組みの最初の一歩は，さまざまなステークホルダーへの開示と対話，社内外のホットラインや格付け等，あらゆるチャネルを通じて，継続的にトラストの空白域を見つけ出す仕組

【図表４】　とラストの空白域と向き合う道しるべ～考え続けたい３つの問い～

問１：トラストの空白域がどこなのか？
　　（例：情報の信頼性，プロセスの信頼性 等）
問２：どの程度の強さのトラストが必要とされるのか？
　　（例：自己言明，相互確認，第三者による評価 等）
問３：そのトラストを確保するために，どのような手法・アプローチが適切か？
　　（例：自主チェック，ピアレビュー，内部監査，
　　　第三者による認証，第三者による格付け，外部監査 等）

さまざまな保証水準を提供する枠組み・仕組みにとどまらず，ステークホルダーからの申告・通報を確保することも想定される。単独の手法・アプローチに限らず，自社および社会にとってのリスクや重要性に応じて，複数の手法・アプローチを組み合わせる余地が大きい。

みを整備・運用することにあります。また，このプロセスにおいては，公式・非公式を問わず，自社にとって耳の痛い話を寄せてくれるステークホルダーがどの程度いるかどうか，も大切になり，ここでもKnow Whoが真価を発揮します。

終わりに

アジャイル・ガバナンスを実装するためには，時としては，従前のやり方や成功体験をアンラーンしながら，自社や自分自身のコンフォートゾーンから飛び出して，新しいステークホルダーと新しい挑戦をしていくことも大切になります。

この後押しとなるのは，１人ひとりのアイデアやインスピレーションであり，生成AIを含めたDXに関わる「ユーザー体験」だと思います。その際に，AIの仕組みや仕掛けを基礎から理解し，その効果や「光」と「影」を十二分に意識・議論・共有しておくことが，とても重要であると思います。１人ひとりの経験や体験をベースに，さまざまな人的なネットワーキングの広がりを基礎とした対話を積み重ねることで，文字どおり，Society5.0におけるマルチステークホルダーと価値協創がドライブできると思います。

【付　　録】

［イベントレポート］
国立大学法人滋賀大学・PwCあらた有限責任監査法人共同セミナー「データサイエンスと次世代における会計監査」

情報通信技術の発展に伴い，企業はあらゆるチャネルから得られる多様なデータを利活用し，新たな事業・サービスを創出することが求められています。こうしたなか，PwCあらた有限責任監査法人（以下「PwCあらた」）は日本初のデータサイエンス学部を創設した国立大学法人滋賀大学（以下「滋賀大学」）と，会計監査を中心としたビジネス分野へのデータサイエンス応用を目指し，共同研究を進めています。具体的には，不正会計分析モデルの設計や会計監査における人工知能（AI）活用，データアナリティクスの教材開発などに取り組んでいます。

2017年９月13日にはこうした活動の一環として，PwCあらた東京・大手町オフィス内のセミナールームで共同セミナー「データサイエンスと次世代における会計監査」を開催し，大学関係者，企業のデータサイエンス関連部門や情報システム，経営企画，内部監査部門などに所属する方など約80人が来場しました。本レポートでは，滋賀大学の竹村彰通データサイエンス学部長ら登壇者５人の講演要旨を紹介します。

※組織名称および講演者の肩書きは当時のままとしています。

「次世代におけるデータサイエンス研究」要旨

滋賀大学データサイエンス学部 学部長
竹村　彰通

現代は複数のチャネルに紐づいたビッグデータが，インターネット上に日々蓄積されています。なかでも，スマートフォンの普及は生成データを爆発的に増やし，多様な個人の行動履歴を直接入手することを可能にしました。これは，ビッグデータ時代を象徴する重要な変化です。こうしたパーソナルデータのほか，景気動向や気候，健康医療情報，POSデータなどを組み合わせて事業に役立つ知見を導き，価値を創造する新たな科学を「データサイエンス」と呼びます。

21世紀はビッグデータを新たな資源と捉え，ビジネスに生かすことが競争優位を築く条件となります。日本政府もデータサイエンスの有用性を認識し，データ流通環境を整えつつあります。たとえば，2017年５月には「改正個人情報保護法」が施行され，匿名加工した個人情報なら，本人の同意なく活用できるようになりました。また，2018年春に施行予定の「次世代医療基盤法」は新しい薬・治療の開発を促すため，患者が拒否しない限り，医療機関が匿名加工した個人情報を大学や企業に提供することを認めています。

データサイエンスを推進するポイントは，データとそれを生かす技術の双方を備えることです。いくらデータを集めても，データ分析者がいなければ，宝の持ち腐れです。日本では分析者が圧倒的に足りず，外国企業にデータを取られ，活用されてしまっています。そもそも，日本はデータサイエンティストの育成で，海外から著しく遅れています。主要国の教育機関の統計学部・学科数をみると，近代統計の発祥地・英国は約50，統計分野の学士・修士6,000人超を毎年輩出する米国は約100です。さらに，近年データサイエンティスト育成を強化している中国は300以上です。一方，日本はこれまで０でした。

こうした背景から，滋賀大学は2017年４月に日本初の「データサイエンス学部」を創設し，一期生として110人が入学しました。日本では欧米に比べて文系・理系の区別が明確ですが，データサイエンスには「文理融合型人材」が求められます。統計学・コンピュータ科学に基づいてデータを分析する理系スキル，データ分析結果を社会・経済動向と照らし合わせて考察する文系の素養がともに必要だからです（当大学の育成人材像＝【図表１】）。さらに，当学部は即戦力をつくるために実データを用いた演習を重視し，PwCあらたなど約30の企業・自治体と連携しています。学生は幅広いデータを分析して価値創造力を習得し，社会の役に立ってほしいですね。

企業にも，ぜひ当学部の卒業生を採用していただきたいです。企業からは若手IT人材のスキル向上ニーズも寄せられているため，2019年４月をめどに「大学院データサイエンス研究科」の立ち上げも目指しています。

日本では2020年頃にLPWA（省電力で長距離通信を実現する無線通信），2025年頃には5G（高速・多数接続の通信基盤）の普及が見込まれ，今後ますます高度なデータ処理技術が求められます。あわせて，企業会計やマーケティング，ビジネスエコノミクスといった経営に資するデータ活用も急務です。最新の機械学習やAI，匿名化技術を取り入れて多様なデータを分析し，ビジネス領域の知見と組み合わせて新たな価値を創造していくことが，次世代のデータサイエンスを確立すると考えています。

【図表１】　データサイエンス学部における育成人材像

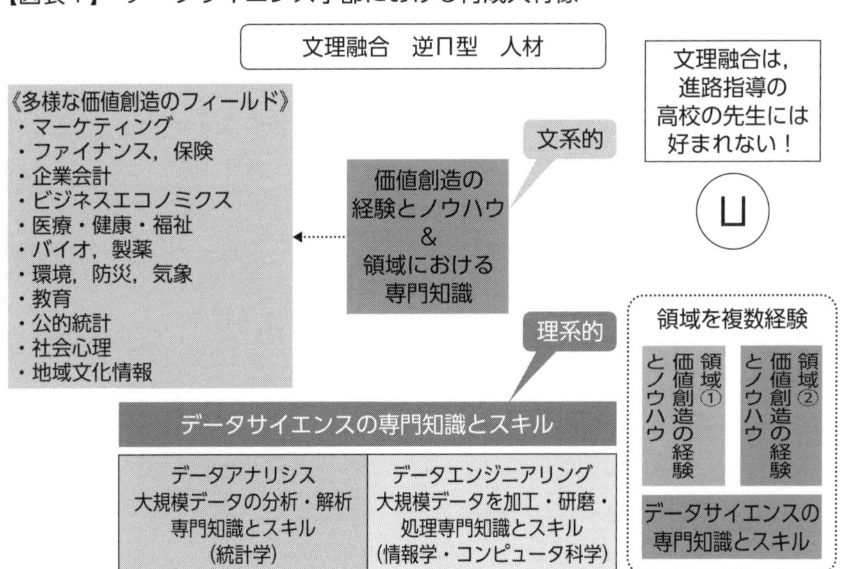

「データサイエンスと次世代における会計監査～共同研究に期待するもの」要旨

PwCあらた基礎研究所 所長
山口　峰男

データサイエンスは，文理融合型の実践的な学問です。その本質はベン図を用いて説明されることがあり，情報学，数学・統計学，ビジネス領域の知見が交差する部分（【図表2】）ともいわれます。滋賀大学と私たちPwCあらたは，データサイエンスから得られる知見を会計監査などのビジネスに応用するため，共同研究を行っています。

情報技術が会計監査に与える影響は，国内外で長く研究されてきました。会計学者の井尻雄二氏は1985年，企業の財務報告を7要素に分類した「会計構造の基盤」（【図表3】）を用いて，その影響を説明しました。7要素とは1．Decisions（経営の意思決定），2．Analysis（意思決定に必要な財務データの分析），3．Reports（財務報告書の作成），4．Processes（仕訳・会計処理），5．Records（取引記録），6．Judgements（経理担当者の判断），7．Controls（1～6の管理とその実行）です。機械化は，まず財務分析と財務報告書の作成時間を短縮します。電子化された財務データはソフトウェアで自動分析され，経営者や利害関係者の迅速な意思決定を後押しします。分析を職人技によって行ってきた証券会社やアナリストは，一部の仕事を奪われる懸念が指摘されています。他方，経理担当者の判断は教育・訓練が必要とされ，機械ではなく人間の関与が引き続き必要です。また，故意・過失による財務データの毀損・改ざん防止のため，企業におけるコーポレートガバナンスや内部統制，外部監査の重要性が認められます。

次世代における会計監査を考えたとき――明日の世界を捉えるには，2つのキーワードがポイントとなります。

1つ目は「技術」です。明日の世界とは「技術により強められ，データにより加速され，すべての人に対して開かれている世界」で，これを支えるのは急速な技術発展です。2つ目は「監視」です。ビジネスにおける第三者の監視は年々厳しくなっており，どのような情報が彼らの意思決定を左右するか見極め

【図表２】 データサイエンスのベン図

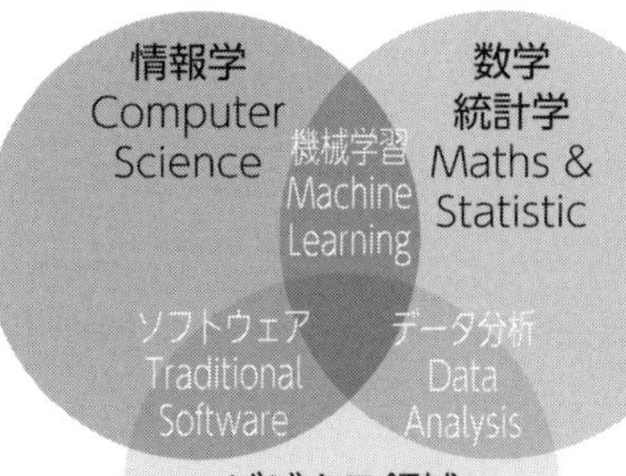

＊英国ICAEWでは2016年６月に"meet the data scientist"というイベントが開催され，Drew Conwayによるベン図を基に議論がなされた。

（出所） Gillon, Kirstin（2016）"The accounting and data science worlds meet"
ICAEW（イングランド・ウェールズ勅許会計士協会）ITブログ（現在はアクセス不可）

【図表３】「会計構造の基盤」（井尻，1985）

る必要があります。従来，データの作成・提供は企業が主体となって行ってきました。今後は第三者や機械も多様なデータを生み出すようになり，データ分析者も投資家からアグリゲーター，AIまで多岐にわたると考えられます。企業がコントロールできないデータが増える一方，企業には今まで以上に説明責

任を果たすことが求められるため，各種データの信認を得ることが重要です。保証提供者の役割も人間と機械が併存することになり，今やビジネスの中心は企業から技術に移っているともいえます。

機械やロボット，AIによって強化されたシステムは，多くの産業で人間の業務を代替できるようになりました。こうしたなか，会計監査のあり方も変わる時が来ています。監査の自動化は労働コストを下げ，業務を洗練し，誤謬リスクも軽減します。最近は，監査におけるドローン利用も研究されています。財務データ分析にはAIの機械学習やパターン認識に加え，自然言語処理も有効です。たとえば，経験豊富な専門家が読むと最短4時間はかかる100ページの契約書も，AIは数秒でスキャンできます。とはいえ，監査人をすべて機械に置き換えることはできません。機械は事前に設定したプログラム上で論理に依拠して動き，信頼できるデータを創出します。これには人間が常に機械を整備し，経験を与えて学ばせなくてはなりません。機械は監査人を支援・強化する存在です。最新技術を扱うには，高いスキルが必要です。これまで会計事務所は財務分析に長けた人材を採用していましたが，今後はデータアナリストやAI技術者，心理学者，行動科学のスペシャリストの登用も考えられます。人間と機械が協働する「創造的監査」が求められる時代に向け，私たちは研究を進めていきます。

■参考文献

井尻雄士「情報技術と会計の革新」『會計』第128巻第2号版（森山書店，1985年）153～167頁

「不正会計検出の統計モデルの展開と可能性」要旨

滋賀大学経済学部 准教授
宮西 賢次

2000年以降，大企業の不正会計事件が頻発しています。調整の動機は赤字決算の回避，税金対策，市場予想の達成，格付け改善，M&A対策，資金調達コストの引下げ，ストック・オプション報酬の最大化など多岐にわたります。主な調整手法は２つあり，１つ目は会計処理方法を変更して報告利益を調整する会計的裁量行動，２つ目は経営実態を変更する実体的裁量行動で，企業のキャッシュ・フローにも影響を与えます。

1997年にBurgstahler and Dichevが作成した利益分布図では，年次利益の増減ゼロを分岐点に，わずかに減益した企業が異常に少ない反面，わずかな増益を報告した企業が異常に多く見られ，利益調整が行われている可能性が示唆されています。不正会計の検出には，こうした利益調整を見抜く技術がカギとなります。

1990年以降，会計発生高を基に利益調整の程度を推定する研究が行われています。会計利益と営業キャッシュ・フローの差額である「会計発生高」が異常な値を示す場合には，利益の質が低く，過度な利益調整が行われていることが懸念されます。単なる会計処理方法の選択を通じた裁量行動による利益調整の測定には，会計発生高を予測する一連のモデルが有効です。たとえば，CFO修正ジョーンズモデルは，売上高から売上債権を控除した変数に，償却性固定資産と営業活動によるキャッシュ・フローの変数を追加し，裁量的会計発生高を推定するものです。一方，R&Dコストや宣伝広告費を増減するなどの実体的裁量行動による利益調整の測定には，異常営業キャッシュ・フロー，異常裁量費用，異常製造原価を検出する予測モデルが開発されてきました。

他方，財務比率を用いて倒産予測や不正会計を直接検出する研究が蓄積されてきました。Altmanが1968年に開発した線形判別関数[1]による倒産予測指数「Ｚスコア」は，収益性や流動性に関する財務指標を分析し，破綻の数年前から破綻兆候を捉えます。不正会計の検出では1999年にBeneishが「Ｍスコア」

を開発し，財務諸表から受取債権回転日数や粗利益率などの８指標を選び，プロビット分析[2]により不正を検出しました。スコアが高いほど不正会計の可能性が高く，検出精度は約７割です。2011年には，Dechow et al.がロジット分析[3]による会計不正検出モデルを作りました。Dechow et al.は過去の会計学分野の研究に基づいて，不正会計の発生に影響を与える要因として①会計発生高の質，②財務パフォーマンス，③非財務情報，④オフバランスシート，⑤市場関連指標に注目し，これらに関する28指標を利用した「Ｆスコア」を開発しました。スコアの変動を時系列で追跡することで，会計不正企業は不正年度の３年前からＦスコアが上がり，不正年度で最大値を示すことがわかりました。そして，Dechow et al.モデルの拡張版が，2016年に会計学者の首藤昭信氏が提唱した分析モデルです。Dechow et al.の５要因に⑥実体的裁量行動，⑦保守主義，⑧日本特有の要因（金融機関持株比率など）を加え，39指標を抽出して分析した結果，不正会計の検出精度を大幅に改善できるという報告もあります。

AIを活用した不正検出の研究も増えています。Guptaは2012年に流動性，安全性，収益性，効率性に関する62の財務指標を抽出し，自然淘汰を繰り返して最適解を求める「遺伝的プログラミング」や，機械学習を取り入れた「単純ベイズ分類器」で分析したところ，不正検出精度は90％超でした。2016年にはBhattacharyaがパターン識別モデル「サポートベクターマシン」や「遺伝的アルゴリズム」をはじめ，多様なAI手法を活用し，クレジットカードの不正利用を検出する精度を比較しています。

これまでに開発された検出モデルの精度は，会計理論と実証研究に基づいて構築されたモデルで概ね60～70％，多様なAI手法を用いたモデルでは80～90％となっています。したがって，監査への実装には改良が必要です。具体的には①モデルの改善・統合・併用，②新たな指標とビッグデータ（非財務デー

1　２群（例：倒産企業と非倒産企業）を識別するために，複数の財務比率を組み込んだ線形関数を導出し，各財務比率の最適なウェイトを推定する多変量解析手法。

2　プロビット分析とロジット分析とは，被説明変数が１変数で選択肢が２つある状況（例：会計不正企業なら１，非会計不正企業なら０）で，複数の要因（財務比率など）の影響を分析する非線形回帰分析。前者は，正規分布関数，後者はロジスティック曲線を用いて説明変数と出現率の関係を捉える点で異なる。

3　上掲注２と同じ。

タや取引データ，画像・テキスト含む）の活用，③多様なAIアルゴリズムによる実験が考えられます。データサイエンスとAIの強みを駆使し，より高精度な検出モデルを開発すべく，私たちは共同研究を進めていきます。

「日本におけるAI研究の今―会計監査へのAI応用を考える―」要旨

滋賀大学データサイエンス学部 教授
齋藤　邦彦

ビッグデータの活用が進み，第３次AIブームが到来しています。これを牽引するのは「機械学習」と「深層学習」の実装で，プロ棋士の棋譜を学び，自己対戦を繰り返した「囲碁AI」がトップ棋士に勝ったことは大きな話題となりました。医学論文を学んで患者の特殊な白血病を見抜くAIや，内視鏡データを学んで大腸がんを発見するAIも登場し，医療現場で早期実用化が期待されています。AIが人の能力を超えるとき――シンギュラリティ（技術的特異点）が来るともささやかれています。しかし，今のAIは問題解決や推論を行うソフトウェアの域を出ておらず，物事の意味を理解して動いているとは言いがたいです。

現在のAI技術は①画像処理，②テキスト処理，③エキスパートシステム，④センシング&IoTに大別されます。このうち，画像処理は実用性が高く，自動運転などに応用されています。画像の認識性能を高めるには大量の良質な問題・解答の組み合わせを与えて学ばせることがカギで，データを与える際は「特徴量の設計」も重要です。これは画像の色・輝度・位置・形などの特徴を数値化する作業で，数字なら１字当たり64個の特徴量を作ります。画像認識には複数のデータの局所的な特徴と近似性を抽出し，カテゴリー別に分類する「畳み込みニューラルネットワーク（CNN）」という深層学習モデルがよく使われます。一方，テキスト処理には連続する言葉・数値から規則性を認識する「再帰型ニューラルネットワーク（RNN）」が使われ，自動翻訳や音声認識，時系列データの未来予測などに役立っています。

さまざまな産業でAIの実用化が図られるなか，会計監査におけるAIの活用研究も進んでいます。監査の信頼性を確保しつつ，業務を効率化することが狙いです。CNNを使う場合は財務諸表や株価，企業内仕訳データなどの会計データを数値化し，それをCNNに計算させ，多様な特徴量を格納する分類器を作ります。そこに新たな会計データを入れると，不正が検出される仕組みができます。RNNを使う場合は会計関連文書や議事録，会議の音声データをテキストマイニングで分析し，異常や不正パターンを検出する仕組みが考えられます(【図表４】)。私たち滋賀大学とPwCあらたは「不正会計予測モデルの基礎研究」，「会計監査におけるAIの活用」などをテーマに，共同研究を行っています。

AIのシステム開発には，多様な方法があります。ゼロから設計する際はJavaやＣ言語が使われてきましたが，今は汎用性が高くシンプルな「Python」が好まれています。機械学習を簡単に実装するためのオープンソースライブラリも増え，代表的なものでは「TensorFlow」や，高速計算ができて深層学習に適した「Keras」などが挙げられます。問題は，日本はAIの開発者が圧倒的に足りないことです。1980年代の第２次AIブーム以降，日本のAI研究は後退しました。今後はAIの専門家だけでなく，統計学者やデータサイエンティスト，

【図表４】 人工知能の応用領域―会計監査―

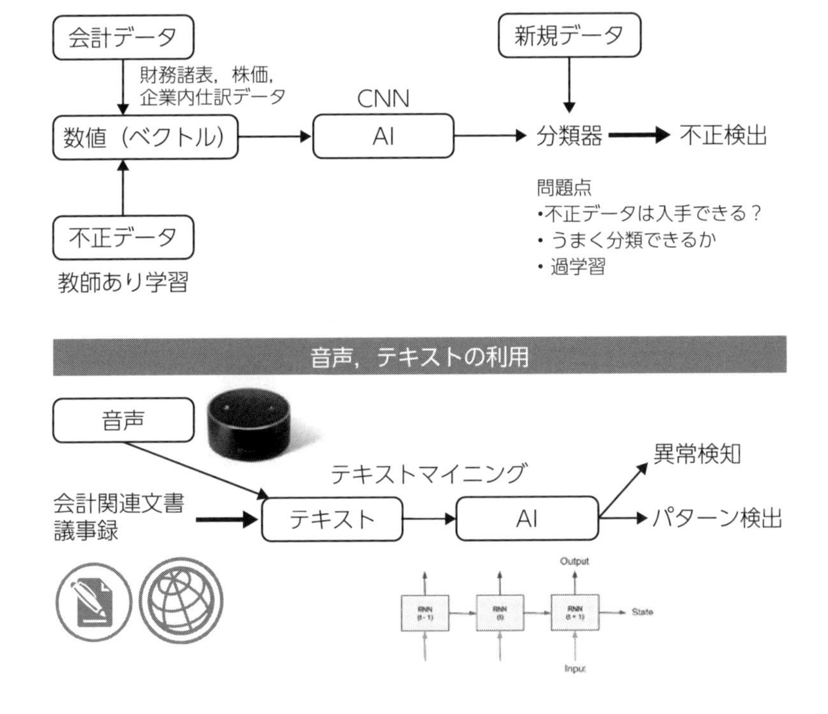

プログラマー，SEもAIの研究に携わっていただきたいですね。会計監査分野では，公認会計士もAI開発の担い手として想定されています。私たち滋賀大学とPwCあらたは演習教材の共同開発を通じ，ビッグデータ・AI時代を牽引する人材の育成にも取り組んでいます。今，男子中学生・高校生の人気職業№1はスポーツ選手ではなく，プログラマーだそうです。AIが登場して「仕事が失われる」という風潮もありますが，これにより新しく生まれる仕事を人間がやればよいのです。意欲ある若者やICT従事者，会計監査関係者は統計学やAI技術を学び，AIのエキスパートを目指していただきたいと考えています。

セミナー統括要旨

国際教養大学 客員教授（PwCあらた基礎研究所 専門研究員）
鳥羽　至英

公認会計士（以下,「監査人」）が従事する監査とは，経営者が作成した財務諸表と呼ばれる「言明」の監査という本質を有しています。監査人には，財務諸表の背後に存在する事実や事象の存在を裏付ける「証拠」を入手することが求められています。監査人にとって証拠は，監査思考や監査判断の基礎です。換言すれば，思考や判断の単位を形成するものが証拠であるともいえます。

国際監査・保証基準審議会（IAASB）は監査証拠を「監査意見の基礎となる結論へ到達するために利用する全ての情報」と捉えています。監査証拠を「情報」という視点で捉える傾向は，監査リスク・アプローチの導入を契機として「監査リスク」あるいは「事業上のリスク」という視点から，監査業務の在り方を問い直す意識が強くなったときから一段と顕著になったと言えます。それ以前は，監査手続書や初期の監査基準書に見られたように，監査上の証拠とは間接証拠や状況証拠の監査上の取り扱いを除き，証拠資料とほぼ同義でした。

「情報」という極めて一般性の強い概念が監査思考の展開に有用であることは確かですが，監査人が監査において基本的かつ中心的に関係する情報は証拠です。この点は，しっかり押さえておく必要があります。監査人が監査において負う法的責任は，監査人が入手し，評価し，依拠した証拠であり，また証拠でなければならないのです。AIは，証拠を提供することができるのでしょうか。AIは「データ」を読み取り，分類（個別化）し，それを「情報」として監査人に提供するにとどまると理解すべきではないでしょうか。その情報を監査人が「証拠」として受け止めるには，いくつかの監査判断や監査思考を経る必要があります。「証拠」は監査人が“造り出した情報”という一面を備えている，と理解する必要があります。

私たちの社会において「証拠」と呼ばれる情報に最も依拠する領域は裁判で，その中心は裁判官です。証拠法は，訴訟において関係者が入手・評価・依拠することになる証拠の適格性についてのルールを，論理や実践を通じて法曹関係者が作り上げた「経験の蒸留」にほかなりません。訴訟関係者（原告・被告・裁判官）が重視するのは「証拠」――しかも，法的に厳格な証拠で，単なる情報ではありません。証拠は，特定の事実を独特に映し出した情報であり，事実の写像ともいえますが，誰が特定の事実を，いつ，どのような状況の下で，どのような意識をもって認識するかによって事実の映し出し方は異なるため，ここに「証拠の評価」という作業が必要となります。

興味深いことに，監査人や裁判官は「証拠」という概念を使いますが，科学者は「データ」という用語を使います。自然科学者，経済学者，あるいは実証研究に従事する会計学者が等しく言及する用語が「データ」です。彼らは，証拠という用語はもとより，情報という用語さえも使用しないのではありませんか。

「証拠」，「情報」，そして「データ」とは，どのような関係にあるのでしょうか。そもそも，「データ」とは何でしょう。ビッグデータやデータアナリティクスなる用語が，これからの監査との関係において言及されるようになると思います。よく考えてみると，データという用語には，そもそも中性的な薫りしかしないのではないでしょうか。

データという概念の本質に迫る１つのきっかけは，“sense data” という言葉です。これには「感覚所与」という訳語が与えられています。訳語に与えられた本質的理解を突き詰めれば，データとは「与えられたもの」ということになります。さまざまな源から得られたもの（与えられたもの）を読み込み，分類し，体系的に整理し集めたものが，頻繁に使われているデータあるいはデータベースなのではありませんか。

このように考えると，証拠とデータの間には，大きな隔たりがあると言わざるを得ません。AIの監査分野への応用には，両者の間の隔たりを解決する必要があります。しかし，これは決して隔たりをなくすという意味ではありません。

AIを監査に応用するには，監査人の膨大な監査実践を学習させることが不可欠です。米国では，証券取引委員会（SEC）が，連邦証券諸法に違反して監査を実施した監査人に対して行政処分手続を行った案件について，詳細な内容を「会計・監査執行通牒」を通じて公表しています。これは，不正会計・監査についての学術的研究を含め，多く活用されています。しかし，日本ではこうしたデータが蓄積されておらず，不正会計が見過ごされたケースが分析・公表されていないという大きな問題を抱えています。AIを監査で利用するには，財務諸表を含むさまざまな情報源から得られるデータに加え，実際に起きた監査の失敗例と重要な虚偽表示の可能性についての監査人の懐疑の内実（証拠の内実）を学ばせる必要があります。

AIは監査人の判断を支援するもので，監査人の判断に取って代わるものではありません。監査人が監査判断をより有効かつ効率的に行うための手段として，PwCあらたと滋賀大学がデータサイエンスの共同研究を推進されていることは，極めて意義深い，大きな挑戦だと思います。ぜひ，成功させていただきたいと思います。

あとがき

PwC Japan有限責任監査法人の基礎研究所（2023年11月末まではPwCあらた基礎研究所）の歴史は，2007年に遡ります。基礎研究所では，10年先を見据えつつ，監査・保証業務やアドバイザリー業務の基礎となる会計・監査のあり方について，デジタル化の進行がもたらす影響を踏まえた企業や社会の課題の変容を念頭に，研究を続けています。

設立当時は，監査の見直しが大きな社会的な課題の１つとなっていました。このため，特に「次世代の会計および監査」の領域に光をあて，会計・監査理論は経済社会の発展とともに大きく変化していくという考えのもと，国際財務報告基準や統合報告等も含めて，デジタル化の進展を意識しつつ研究を続けています。近年では，監査の質や規制との関係，監査の歴史などについても研究を深めるとともに，サステナビリティや非財務情報の保証はもとより，トラストやアジャイル・ガバナンスのあり方にも研究の幅を広げています。

未来の会計や監査のあり方を考えるうえで，データサイエンスやテクノロジーの理解は非常に重要です。このため，2016年11月に，日本で最初にデータサイエンス学部を設置した滋賀大学との共同研究を開始しました。本書は2018年３月から私たちの広報誌である「PwC's View」における滋賀大学の先生方による連載（全10回）をベースとして企画・構想しました。財務諸表監査の一連のフローのなかにデータサイエンスの知見をそれぞれ配置しながら，この領域に初めて触れられる方にとってもわかりやすいよう，専門領域の異なる先生方から寄せられた玉稿を１つのストーリーとしてまとめています。

会計や監査・保証業務に関心のある方々には，監査やトラストの未来について考えていただく一助として，また，データサイエンスやAIに関心のある方々には，その応用領域としての監査やトラストサービスにも関心を持っていただく一助として，本書をお手にとっていただけましたら大変光栄です。昨今，「AIガバナンス」に関する議論が活発になり，AIそのものを対象とした，いわゆる「AIに対する監査」の研究も注目されています。本書で説明している伝統的な財務諸表監査の考え方は，こうした最先端の研究の基礎の１つをなすものであり，今後のさらなる議論の原点としても役立つと確信しています。

新しい法人の船出の日に，本書を刊行させていただきますことを，大変嬉しく思います。本書の出版にあたり，滋賀大学データサイエンス学部設立の準備期からご尽力され，初代の学部長を経て現在は学長の任にある竹村彰通先生，私たちとの共同研究を終始リードしてくださっている齋藤邦彦先生，経済学部において特に会計学ご専門の見地からご指導くださっている宮西賢次先生をはじめとして，当初の連載に玉稿をお寄せくださった滋賀大学（および元滋賀大学）の先生方に改めて感謝申し上げます。また，この野心的な企画に関心を寄せていただき，ご支援いただいた出版社の中央経済社様，特に石井直人編集次長には，企画の初期の段階からとても懇切丁寧にご相談にのっていただきました。ここに特に謝意をお伝えしたいと思います。

2023年12月１日

PwC Japan有限責任監査法人
代表執行役　**井野　貴章**
執行役代表代行　**鍵　圭一郎**
執行役副代表　**久保田　正崇**

〈執筆者（PwC）紹介〉

久禮由敬

PwC Japan有限責任監査法人　パートナー
トラスト・インサイト・センター長
基礎研究所担当

経営コンサルティング会社を経て，現職。財務諸表監査，内部統制監査，コーポレートガバナンスの強化支援，グローバル内部監査支援，データ監査支援，不正調査支援，事業継続計画（BCP）／事業継続マネジメント（BCM）高度化支援，IFRS対応支援，統合報告をはじめとするコーポレートレポーティングに関する調査・助言などに幅広く従事。

企業・組織のガバナンス・リスク管理・コンプライアンスの高度化や危機対応，情報開示・対話の高度化等の支援，Society5.0における社会全体でのアジャイル・ガバナンスのあり方等に関する各種の検討会等に参画。AIの利活用を含む，トラストのあり方についての調査・研究に注力。

山口峰男

PwC Japan有限責任監査法人
基礎研究所 所長

大学卒業後，大手銀行において法人融資および本部主計業務に携わった後，監査法人入所。主に金融機関向けの監査およびアドバイザリー業務に従事し，その後，品質管理本部（金融商品会計，開示，ナレッジマネジメント担当），英国留学（日本公認会計士協会による大学院派遣），グローバル教育研修部門（PwC英国にてIFRS金融商品会計の教材開発に従事）などを経て，基礎研究所に参画。

「次世代の会計および監査」，「アジャイル・ガバナンスの実装とトラストのあり方に関する研究」等をテーマとして，データ分析の利活用やAIの利活用を含めた広範な研究活動に従事し，2014年７月から第２代所長。

公認会計士　日本証券アナリスト協会認定アナリスト　国際会計研究学会個人会員　日本簿記学会正会員　MSc（Master of Science）in Law and Accounting

〈編者紹介〉

滋賀大学

滋賀大学は，彦根高等商業学校と滋賀師範学校を源流とし，1949年に発足した経済学部と教員学部からなる新制大学です。2002年に国立大学法人化し，2017年には日本最初となるデータサイエンス学部を創立しました。超スマート社会といわれるSociety5.0時代においては，経済発展や社会的課題の解決には幅広い知見やスキルが求められます。滋賀大学は，Society5.0に欠かせないデータサイエンスを国内最高水準で体系的に学べるデータサイエンス学部をはじめ，経済学部にはビジネス革新創出人材プログラム（データサイエンス副専攻），教育学部にも教育データサイエンティスト養成プログラムが設置されています。また，2016年度にはデータサイエンス教育研究センター，2022年度にはデータサイエンス・AIイノベーション研究推進センターが設置され，全学的な規模でAIとデータサイエンスの教育研究拠点形成を目指しています。

PwC Japan有限責任監査法人

PwC Japan有限責任監査法人は，日本で監査およびアシュアランスサービスを提供する，PwCグローバルネットワークのメンバーファームです。世界で長年にわたる監査実績を持つPwCネットワークの監査手法と最新技術により世界水準の高品質な監査業務を提供するとともに，その知見を活用した会計，内部統制，ガバナンス，サイバーセキュリティ，規制対応，デジタル化対応，株式公開など幅広い分野に関する助言（ブローダー・アシュアランス・サービス）を通じて社会の重要な課題解決を支援しています。PwCビジネスアシュアランス合同会社，PwCサステナビリティ合同会社，PwC総合研究所合同会社とともに，信頼されるプロフェッショナルとして，日本の未来に新たな信頼をもたらすことを，Assurance Vision2030として掲げています。

参加・協力者一覧

本書の第１部では，PwC Japan有限責任監査法人が作成し，折に触れ更新し社内外で発表しているThought Leadershipである「監査の変革～どのようにAIが会計監査を変えるのか：2024年版～」をダイジェストしています。詳細は，ぜひそちらもあわせてご参照ください。検討・作成にあたっては，AI監査研究所の辻村和之，伊藤公一，清水希理子，アシュアランス・イノベーション＆テクノロジー部の近藤仁，京都第二アシュアランス部の岩瀬哲朗，ほか，多くのメンバーが参加しています。

「監査の変革～どのようにAIが会計監査を変えるのか：2024年版～」
https://www.pwc.com/jp/ja/knowledge/thoughtleadership/audit-change2024.html

「AI監査」の基本と技術
データサイエンティストの活躍

2024年2月5日　第1版第1刷発行

編　者　滋　賀　大　学
PwC Japan有限責任監査法人
発行者　山　本　　継
発行所　㈱中央経済社
発売元　㈱中央経済グループ
パブリッシング
〒101-0051　東京都千代田区神田神保町1－35
電話　03（3293）3371（編集代表）
03（3293）3381（営業代表）
https://www.chuokeizai.co.jp
印刷／㈱堀内印刷所
製本／㈲井上製本所

Ⓒ 2024
Printed in Japan

＊頁の「欠落」や「順序違い」などがありましたらお取り替えいたしますので発売元までご送付ください。（送料小社負担）
ISBN978-4-502-44711-2　C3032

JCOPY〈出版者著作権管理機構委託出版物〉本書を無断で複写複製（コピー）することは，著作権法上の例外を除き，禁じられています。本書をコピーされる場合は事前に出版者著作権管理機構（JCOPY）の許諾を受けてください。
JCOPY〈https://www.jcopy.or.jp　eメール：info@jcopy.or.jp〉